AF599639

CATARATA

Deusto
Centro de Ética Aplicada
Etika Aplikatuko Zentroa

IZASKUN SÁEZ DE LA FUENTE ALDAMA

Profesora e investigadora del Centro de Ética Aplicada de la Universidad de Deusto. Se doctoró en Ciencias Políticas y Sociología (especialidad Ciencias Políticas) en la Universidad del País Vasco en 2001, con la tesis *El Movimiento de Liberación Nacional Vasco, una religión de sustitución* (2002). En la línea de investigación sobre conflictos y culturas de paz, estudia los procesos sociales, políticos y culturales asociados a la violencia de motivación política en Euskadi, en los que, con una clara motivación ético-política, otorga un lugar central a las víctimas. Participa desde sus inicios en 2018 en la Comunidad de Aprendizaje sobre Memoria, Educación Histórica y Construcción de Paz en Euskadi. Anteriormente, dirigió el proyecto interdisciplinar "Memoria, ética y justicia: la extorsión y la violencia de ETA contra el mundo empresarial (2012-2016)", proyecto que obtuvo el accésit del Premio UD-Banco Santander de Investigación (2017) y que ha conseguido colocar en la agenda pública una dimensión de la violencia de ETA que había resultado especialmente invisibilizada.

Research ID: Web of Knowledge: R-1052-2018/ orcid.org/0000-0001-9099-2653

AYALA MAQUEDA ALDASORO

Doctora en Derechos Humanos: Retos Éticos, Sociales y Políticos por la Universidad de Deusto, con la tesis *Rendición Social de Cuentas y género en la Comunidad Autónoma Vasca: evaluación de las experiencias de interacción de Emakunde con el movimiento de mujeres y feminista vasco.* Es licenciada en Humanidades (con mención en Filosofía e Historia de las Religiones) y titulada en el Máster en Ética para la Construcción Social. Sus trabajos de investigación se han centrado en la rendición social de cuentas desde la perspectiva de género y en las interacciones entre los organismos de igualdad y los movimientos de mujeres y los movimientos feministas.

Izaskun Sáez de la Fuente Aldama
y Ayala Maqueda Aldasoro

Patriarcado y legitimación de la violencia de motivación política en Euskadi

Izaskun Sáez de la Fuente y Ángela Bermúdez
(editoras de la colección)

COLECCIÓN MEMORIA E HISTORIA DEL CONFLICTO
Y LA VIOLENCIA EN EUSKADI

ESTA COLECCIÓN SE PRODUCE CON EL APOYO DE UN CONVENIO ENTRE EL GOBIERNO VASCO Y LA UNIVERSIDAD DE DEUSTO PARA EL DESARROLLO DEL PLAN DE CONVIVENCIA, DERECHOS HUMANOS Y DIVERSIDAD (2021-2024).

DISEÑO DE CUBIERTA: MIKEL LAS HERAS

PATRIARCADO Y LEGITIMACIÓN DE LA VIOLENCIA DE MOTIVACIÓN
POLÍTICA EN EUSKADI

ISBN: 978-84-1352-979-0
DEPÓSITO LEGAL: M-11.284-2024
THEMA: 1DSE-ES-R/GTU/JBSF11

IMPRESO POR ARTES GRÁFICAS COYVE

ÍNDICE

SOBRE LA COLECCIÓN 7

INTRODUCCIÓN 9

1. RELACIONES ENTRE GÉNERO Y VIOLENCIA 13

2. GÉNERO, FEMINISMO Y NACIONALISMO VASCO RADICAL. AMBIVALENCIAS Y CONTRADICCIONES 19

El recurso al mito del matriarcado vasco 19

La instrumentalización de la lucha feminista 21

Preservación del imaginario tradicional hombres-*gudaris* y mujeres-cuidadoras-patriotas 24

3. GÉNERO Y VIOLENCIA EN EUSKADI: LAS MUJERES COMO VICTIMARIAS 29

Peso específico y rasgos básicos de su perfil 29

Motivaciones y dificultades de las mujeres para su ingreso 31

Asimetrías de género dentro de la organización armada 34

Yoyes, la maldición de la disidencia 38

Discursos y representaciones sobre las mujeres etarras en los medios de comunicación 44

CONCLUSIONES 51

BIBLIOGRAFÍA 55

SOBRE LA COLECCIÓN

Una década después del alto el fuego definitivo de ETA, las personas jóvenes en Euskadi —la primera generación que no ha sufrido en carne propia la violencia— manifiestan tener pocos espacios seguros en los que preguntar, conversar y discutir sobre el tema.

La presente colección editorial busca promover en las nuevas generaciones una comprensión crítica de la historia de conflicto y violencia vivida en Euskadi en las últimas décadas. Está dirigida, principalmente, a las personas jóvenes, a los ciudadanos y ciudadanas de a pie que se interesan por estas cuestiones, pero también al profesorado en ejercicio o en formación y a las personas que, desde distintas organizaciones públicas y privadas, quieren fomentar el respeto de los derechos humanos y el cultivo de la paz y de la convivencia.

Este es un proyecto de la Comunidad de Aprendizaje sobre Memoria, Educación Histórica y Construcción de Paz en Euskadi, una iniciativa del Centro de Ética Aplicada de la Universidad de Deusto que, desde sus inicios en 2018, ofrece un espacio de diálogo y reflexión interdisciplinar e intergeneracional sobre el pasado violento de Euskadi. En su primera fase de trabajo (2019-2021), la Comunidad se dedicó a explorar, con jóvenes de distintos perfiles ideológicos, las preguntas y reflexiones que ellas y ellos se hacen acerca de la violencia de motivación política vivida. De manera recurrente manifestaron que les surgen preguntas que no tienen dónde plantear y que se hacen reflexiones que no pueden contrastar con otras personas. Sienten el peso de un "silencio heredado y autoimpuesto" en la familia, las cuadrillas, la escuela y la comunidad.

A la persistencia de este silencio ha contribuido la idea de que, para promover la paz y la convivencia, lo mejor es pasar página, olvidarse del pasado y mirar solo hacia el futuro. Pero no se puede construir el futuro de espaldas al pasado. Por ello, en su actual fase de trabajo, la Comunidad de Aprendizaje ha reunido a un grupo de historiadores expertos en la temática, filósofos y científicos sociales expertos en el análisis ético de la violencia y pedagogos expertos en educación histórica, para colaborar en la producción de esta colección.

Cada uno de los libros de la colección profundizará en una cuestión histórica o ética que hemos identificado como especialmente relevante para interrogar críticamente los relatos que las personas jóvenes tienen sobre la historia del conflicto vasco y de la violencia. Se trata de una estrategia pedagógica narrativa que, siguiendo la senda de Penélope, propone destejer con cuidado y volver a tejer con conciencia la memoria social de un pasado sangrante y doloroso. En ella, la visibilización y la exploración crítica de los mitos, los sesgos y las sobresimplificaciones que sirven para justificar la violencia marcan el punto de partida de una doble dinámica de *historización de la memoria* y de *memorialización de la historia*. Con ella se busca mejorar la comprensión que las personas tienen de la complejidad de los fenómenos históricos, encarnar el pasado en la experiencia de las víctimas y, así, activar el potencial de la historia para desnormalizar y deslegitimar la violencia.

INTRODUCCIÓN

Si la colección busca promover la deslegitimación de la violencia de motivación política, este libro pretende profundizar en una dimensión de la misma, las relaciones entre género y violencia, que ha tendido a pasar bastante desapercibida tanto en la opinión pública como en la academia. Tradicionalmente, los análisis sobre conflictos políticos violentos, cuando se han ocupado del diferente rol desempeñado por varones y mujeres, se han desarrollado o desde paradigmas androcéntricos que tienden a reproducir prejuicios sexistas o desde planteamientos feministas que tratan de erosionar dichos prejuicios, pero sin que ello implique necesariamente desnormalizar o deslegitimar el uso de la violencia. En los estudios de género abundan reflexiones y denuncias sobre la utilización de las mujeres y en especial de sus cuerpos como arma de guerra o acerca de su función como sujetos activos en la construcción de paz. En las últimas décadas han proliferado investigaciones feministas en torno a la presencia de mujeres en organizaciones armadas que tienden a centrarse en las brechas de género existentes en lugar de en cuestionar su propia existencia y el sustrato patriarcal que las alimenta.

Con el fin de mostrar la complejidad de este panorama y aterrizarlo en nuestra realidad más próxima, comenzamos nuestra reflexión con un examen crítico general sobre unas relaciones entre género y violencia significativamente condicionadas por procesos de socialización diferentes en hombres y en mujeres, que hacen que los primeros estén no solo más predispuestos, sino también socialmente más legitimados para hacer uso de medios violentos que las segundas. Posteriormente, centramos nuestra atención en el caso vasco. Para ello, nos sumergimos en algunas de las paradojas y contradicciones que se descubren en las conexiones entre feminismo y nacionalismo vasco radical, por ejemplo, la consideración de Euskadi Ta Askatasuna (ETA) y de su entorno político como vanguardias en la lucha por la igualdad entre hombres y mujeres. Después, ahondamos en el papel de las mujeres en la violencia porque, siendo muy relevante, ha tendido a ser infravalorado cuando no invisibilizado.

Históricamente, las mujeres han sido un porcentaje minoritario de los miembros de ETA y de las víctimas directas, pero no así entre los familiares de víctimas. Durante los años de plomo de la Transición y las primeras décadas de democracia, en una sociedad aún patriarcal como la vasca, los hombres gozaban de una intensa presencia laboral, económica y política. Mientras, las mujeres, sin desprenderse de su función tradicional ligada al cuidado y a la crianza, se esforzaban por progresar en el ámbito educativo y en el mercado de trabajo. De ahí la frecuencia con la que aparece la figura de viudas, hermanas, madres o hijas de varones asesinados o la de "daños colaterales". Desde su condición de víctimas o de familiares de las mismas, las mujeres han asumido el liderazgo de entidades creadas para defender sus derechos y, siendo o no víctimas, han desarrollado un rol destacado en las organizaciones pacifistas.

Aunque la relación de las mujeres con la violencia en Euskadi tiene estos tres rostros, nuestro análisis en clave de desnormalización y de deslegitimación de la violencia se enfoca en aquellas que, como miembros y exmiembros de la organización armada, recurrieron al uso de la violencia. Porque es en sus experiencias, procesos y perspectivas donde se puede percibir con mayor claridad algunas de las principales distorsiones del mito que conecta a ETA con la lucha por la igualdad entre hombres y mujeres. En otros dos volúmenes de la misma colección trabajaremos monográficamente las otras dos figuras, las mujeres como víctimas que luchan por sus derechos y las mujeres como activistas por la paz. En concreto, en esta obra presentamos las características más significativas del perfil de las mujeres etarras, algunas de las principales razones que las llevaron a ingresar en la organización armada, los obstáculos con los que se encontraron para entrar en ella y las desigualdades de género que experimentaron en su interior. Posteriormente, incluimos una reflexión crítica sobre la figura de María Dolores González Katarain (Yoyes) y lo hacemos por un doble motivo: a) para visibilizar a una mujer que, habiendo llegado a la cúpula de la organización armada, se desvinculó rápidamente de ella con un discurso profundamente desnormalizador y deslegitimador de la violencia, y b) para mostrar cómo funcionaron los prejuicios de género en una sentencia de muerte ejecutada por ETA y aplaudida por su entorno político y social. Finalmente, analizamos cómo se ha visibilizado en los medios de comunicación la asociación entre activistas etarras y las imágenes estereotipadas que tienden a representar a las mujeres que militan en grupos armados.

1. RELACIONES ENTRE GÉNERO Y VIOLENCIA

Los hombres son quienes cometen la mayor parte de los actos de violencia, bien sea hacia otros hombres, hacia las mujeres o contra sí mismos (UNODC, 2019). Esta constatación estadística no es fruto ni de la biología ni del azar. Es producto de un modelo de socialización patriarcal repleto de prejuicios y estereotipos de género que desemboca en la construcción de identidades masculinas y femeninas que, siendo diametralmente opuestas, actúan de forma complementaria, procediendo de y alimentando la lógica de la división sexual del trabajo entre el mundo de lo público-político-masculino, en el que el uso de la fuerza tiene un lugar central, y el de lo privado-doméstico-femenino, articulado en torno al cuidado.

No existe ni ha existido una única masculinidad como tampoco existe una versión monolítica de la feminidad. Robert Connell (2003) diferencia cuatro tipos de masculinidad entendidas como procesos y flujos y no como tipos puros y fijos: hegemónica, subordinada, cómplice y marginalizada. La primera "es la práctica genérica que encarna la respuesta corrientemente aceptada al problema de la legitimidad del patriarcado, la que garantiza (o se toma para garantizar) la posición dominante de los hombres y la subordinación de las mujeres [...] El recurso exitoso a la autoridad, más que a la violencia directa, es la marca de la hegemonía (aunque la violencia a menudo subyace o sostiene a la autoridad) [...]" (2003: 12). Algunos de los principales atributos de este modelo de identidad son el éxito, el liderazgo, la seguridad, la agresividad, la valentía, la misoginia, la fuerza y la predisposición al uso de la violencia, lo que convierte a los varones que la encarnan en seres activos, sujetos políticos amantes del riesgo, duros, hipersexuales y despreocupados por la gestión de sus emociones, siendo propensos a expresar ira, rencor, odio y afán de venganza, pero no empatía ni compasión hacia los demás.

Dentro de este marco, hay relaciones de género específicas de dominación y subordinación entre grupos de hombres, lo que implica que los varones homosexuales están subordinados a los heterosexuales, ocupando la posición jerárquica más baja en la escala de género entre los hombres. Por otro lado, son muchos los varones que no cumplen en su totalidad los criterios normativos de la masculinidad hegemónica, pero, en un sentido o en otro, buena parte de ellos se benefician de su "dividendo patriarcal", lo que redunda en distintos grados de complicidad con el modelo (*masculinidad cómplice*). Finalmente, las masculinidades marginalizadas muestran los efectos de la raza y de la clase en las relaciones de asimetría y subordinación entre varones porque la teoría del goteo no funciona: "[...] en Estados Unidos, algunos atletas negros pueden ser ejemplares para la masculinidad hegemónica. Pero la fama y la riqueza de estrellas individuales no tiene un efecto de chorreo y no brinda autoridad social a los hombres negros en general" (Connell, 2003: 14).

En consecuencia, la identidad masculina hegemónica se adquiere y reproduce mediante la dominación y el poder —no solo hacia las mujeres, sino también hacia otros colectivos: blancos versus racializados, jóvenes versus mayores, etc.—, y desprecia, cuando no proscribe radicalmente cualquier otra forma de ser varón que tiende a feminizarse, infantilizarse o considerarse privativa de homosexuales (Badinter, 1993).

En conflictos violentos y, en especial, en las guerras, la masculinidad hegemónica se expresa en su forma más extrema bajo las imágenes del "guerrero" —que encarna valores como honor, patriotismo, deber, etc.— y del "héroe-mártir", dispuesto a morir, lo que, aunque con frecuencia se omita, siempre implica estar dispuesto a matar. Se difunden bajo un halo de épica romántica no solo a través de los medios de comunicación, sino de la literatura, las películas y otras producciones culturales representadas en el espacio público y en los museos (esculturas, pinturas, murales e iconografía callejera que conmemora al "pistolero", etc.). Estas representaciones de la asociación entre masculinidad y violencia apelan a una ética de la convicción ("matarás en nombre de...") y no a una ética de la responsabilidad ("no matarás en nombre de nada ni de nadie") (Beriain y Fernández, 1999: 81-82). Algo similar ocurre con las formas tradicionales y aún dominantes de enseñanza de la historia centradas en la retroalimentación de la memoria colectiva al servicio del fortalecimiento de la identidad grupal, lo que dificulta cuando no imposibilita cualquier tipo de reflexión crítica que induzca a la desnormalización y a la deslegitimación de la violencia (Bermúdez, Sáez de la Fuente y Bilbao, 2020: 43-45).

ACTIVIDAD 1

- Rastrea la presencia de la figura del guerrero convertido en héroe-mártir en libros de historia, museos, obras de arte, películas, murales callejeros, etc. Selecciona un par de ejemplos concretos. Trata de explicar qué valores, principios, etc., transmiten esas narrativas e imágenes. ¿Qué reflexiones y emociones te provocan?
- Tras visionar películas como *La chaqueta metálica* (1987) o *Sin novedad en el frente* (2022), reflexiona sobre en qué medida esas narrativas o imágenes te generan atracción o rechazo. ¿Podrías contrastar estos filmes con otros que tú hayas visto que representen al guerrero?

Mientras que los hombres estarían capacitados, predispuestos y socialmente legitimados para el ejercicio de la violencia, las mujeres serían más propensas a las labores de cuidado, aspecto íntimamente vinculado con su fertilidad y, por tanto, con la maternidad, es decir, con la facultad biológica de crear y sostener la vida. Semejante tipo de identidad exige que las mujeres sean altruistas, sumisas, comprensivas, delicadas, vulnerables, sensibles, abnegadas y afectuosas. Si el terrorismo es un acto de transgresión del orden social, las mujeres terroristas son doblemente transgresoras, porque también quebrantan los presupuestos de género, negándose a sí mismas como mujeres o, lo que es lo mismo, negando su facultad de engendrar vida y de criarla (Malvern, 2013). De ahí que, como veremos claramente en los discursos y representaciones mediáticas sobre las mujeres etarras, la violencia de las mujeres se considere más excesiva que la de los varones (*la terrorista como monstruo*) y, frecuentemente, se sexualice (*la terrorista como puta y sexualmente promiscua*).

A lo largo de la historia, las mujeres han formado parte tanto de los ejércitos como de organizaciones insurreccionales contra el *statu quo*. Como recuerda Svetlana Alexiévich (2017), premio nobel de literatura:

> Ya en el siglo IV a.C., en Atenas y Esparta, las mujeres participaron en las guerras griegas. En épocas posteriores, también formaron parte de las tropas de Alejandro Magno. [...] durante el asedio de Constantinopla en el año 626, los griegos descubrieron muchos cadáveres de mujeres entre los eslavos caídos en combate. Además, una madre, al educar a sus hijos siempre les preparaba para que fueran guerreros [...] A principios de siglo [XX], en la Primera Guerra Mundial, en Inglaterra, las mujeres fueron admitidas en las Reales Fuerzas Aéreas, entonces formaron el Cuerpo Auxiliar Femenino y la Sección Femenina de Transporte; en total, cien mil efectivos [...] Pero fue durante la Segunda Guerra Mundial cuando el mundo presenció el auténtico fenómeno femenino. Las mujeres sirvieron en las Fuerzas Armadas de varios países: en el ejército inglés (doscientas veinticinco mil), en el estadounidense (entre cuatrocientas mil y quinientas mil), en el alemán (quinientas mil)... En el ejército soviético hubo cerca de un millón de mujeres. Dominaban todas las especialidades militares, incluso las más "masculinas" [...] (Alexiévich, 2017: 9 y 10).

El hecho de que existan mujeres realizando acciones violentas culturalmente definidas como masculinas "no hace que el modelo de héroe-mártir sea menos masculino", sino que estas mujeres sean cuestionadas, invisibilizadas o tratadas como "excepciones" desde prejuicios profundamente patriarcales (Agra Romero, 2012). Además, con frecuencia, cuando las mujeres deciden abandonar el ejercicio de la violencia y reinsertarse en la sociedad, tienen que enfrentarse a un doble rechazo social, por su condición de exactivistas o excombatientes y por haber transgredido las normas que se suponen características de las "mujeres normales" (Castellanos, Rodríguez y Bermúdez, 2001: 177-178).

Las mujeres, tanto si toman las armas como si no, son concebidas como objetivo prioritario de los varones combatientes que las consideran de su propiedad, sufriendo abusos y violaciones tanto dentro de las propias organizaciones armadas a las que pertenecen —también, por supuesto, en los ejércitos— como por parte de los grupos "enemigos". En estas últimas operan dos factores íntimamente relacionados: a) la violencia contra ellas persigue dañar la masculinidad y, por tanto, la virilidad del bando contrario; y b) la representación del cuerpo de las mujeres como símbolo de la pureza étnica de la comunidad, de manera que las violaciones sistemáticas contra ellas, la prostitución y los embarazos forzados actuarían como mecanismos de limpieza étnica. Esto último es lo que Rita Segato (2016) denomina *femigenocidio* para subrayar que tales crímenes tienen relación con el poder político y económico, y que sus motivaciones no son puramente sexuales.

ACTIVIDAD 2

Reflexión en torno a la campaña de Amnistía Internacional: "Ellas no pueden olvidar. Tampoco debemos hacerlo nosotros y nosotras".

- Lee el siguiente testimonio:

Elma recuerda vívidamente el día que sus vecinos fueron a su casa. Es un día que desearía olvidar. Fue en 1992 y la guerra de Bosnia estaba en sus primeras etapas. Elma tenía poco más de 20 años y estaba recién casada y embarazada de cuatro meses. "Esos hombres eran nuestros vecinos", me cuenta. "Los vi llevarse a mi padre y a mi hermano pequeño. Los mataron brutalmente y dejaron los cuerpos en el campo, al lado de la casa. Mi padre era anciano y frágil". Ese fue solo el principio del terror. A Elma la llevaron a lo que se conocía como "campo de violación", donde los grupos paramilitares que volvían de sus misiones en primera línea la violaron colectivamente cada día. "Me pegaban y me violaban, a mí y a otras jóvenes, a menudo en grupo", añade. "Llevaban pasamontañas y me preguntaban si podía adivinar cuál de ellos estaba encima de mí". Como consecuencia de la violencia, perdió a su bebé y sufrió lesiones en la columna de las que nunca se ha recuperado. Un cuarto de siglo después, se siente olvidada y abandonada por el gobierno e incluso por su propia comunidad [...]

Elma es una de las miles de sobrevivientes de la violencia sexual en tiempo de guerra de Bosnia y Herzegovina. Durante los tres años del conflicto al menos 20.000 mujeres y niñas sufrieron violaciones o abusos. Muchas presenciaron la tortura y el asesinato de familiares, y algunas, incluso hoy, buscan los restos de los seres queridos que se llevaron a los campos y nunca regresaron. Sufren las devastadoras consecuencias de estos crímenes y un trauma psicológico que no desaparece. Numerosos obstáculos les impiden acceder al resarcimiento legal y al apoyo que tanto necesitan.

- ¿Conocías el fenómeno de la violencia sexual en la Guerra en los Balcanes? ¿Y en otros casos?
- ¿Qué relaciones puedes establecer entre masculinidad, virilidad, violencia y violación a partir de testimonios como el que has leído?
- A modo de complemento para la reflexión, se recomienda el visionado de la película *El secreto de Sama* (2006).

Sin embargo, ayer y hoy, las mujeres han mostrado capacidad para salir de los círculos de victimización y convertirse en supervivientes-resistentes que luchan individual y colectivamente por sus derechos y por la deslegitimación de la violencia desde posiciones que desvelan el carácter central del cuidado. No estamos afirmando que el cuidado sea una facultad innata y exclusiva de las mujeres, como defienden determinadas corrientes feministas, sino que este valor debería ser universalizable y, por tanto, eje articulador primordial de la socialización tanto de varones como de mujeres.

Con frecuencia, la masculinidad tradicional se genera y fomenta gracias no solo a otros hombres, sino también a mujeres que, como madres patriotas, socializan a sus hijos en la predisposición al uso de la violencia para conseguir un determinado objetivo político; desde su punto de vista, ellas dan todo por sus hijos y estos lo dan todo por la patria, funcionando como instancias de mediación entre su prole y la nación; de este modo, contribuyen a la normalización y a la legitimación de la violencia.

2. GÉNERO, FEMINISMO Y NACIONALISMO VASCO RADICAL. AMBIVALENCIAS Y CONTRADICCIONES

EL RECURSO AL MITO DEL MATRIARCADO VASCO

El mito del matriarcado cobró especial relevancia en la década de los setenta y principios de los ochenta del siglo XX cuando fue instrumentalizado políticamente por el nacionalismo, especialmente en su vertiente más radical que cristalizó en el autodenominado Movimiento de Liberación Nacional Vasco (MLNV). Con él se pretendía subrayar la singularidad del pueblo vasco, dotar de un origen mítico a su identidad como nación y negar el carácter machista del pueblo vasco. Así se reflejaba en uno de los artículos publicados en la revista *Punto y Hora*, medio de comunicación afín a los planteamientos de la izquierda *abertzale* en la época de la Transición:

> Si algo no es el vasco, es machista. Si algo tiene Euskadi, es un poderoso e influyente matriarcado. Nuestras *etxekoandres* toman decisiones importantes en la vida del País, siendo siempre respetadas y queridas y muchas veces consultadas y todo ello sin la menor apariencia (cfr. Hamilton, 2000: 156).

Este mito afirma la existencia de una sociedad matriarcal previa a la irrupción de los pueblos indoeuropeos en la península ibérica. El matriarcado alude al gobierno de las mujeres, es decir, a una sociedad en la que ellas poseen el poder político, la autoridad moral y los privilegios sociales y económicos, excluyendo a los hombres de los mismos. Sin embargo, no hay evidencias históricas que demuestren la existencia del matriarcado en Euskadi (Hernández, Esteban y Bullen, 2018: 15).

En los caseríos, las mujeres, además de asumir las tareas domésticas, se encargaban de las diferentes fases de la labranza o de la venta de los productos agrícolas en el mercado. No obstante, a pesar del papel esencial que desempeñaron en la economía de los caseríos, su posición estaba subordinada a la del *etxekojaun* o señor de la casa (Rubio, 2003: 4). Si el padre así lo decidía, las hijas podían heredar y convertirse en las propietarias únicas de los caseríos familiares. Sin embargo, ello conllevaba que las herederas tuviesen que asumir los cuidados de sus padres y quedasen bajo su autoridad y control. Asimismo, debido a la actividad pesquera predominante en las zonas costeras de Euskadi, los hombres tenían que ausentarse durante largos periodos. Ante esta ausencia, las mujeres tomaban el control de las familias y participaban en los asuntos públicos del pueblo, pero solo cuando la comunidad de hombres lo consentía (Lorenzo, 2014: 301).

ACTIVIDAD 3

La película *Amama* (2015), dirigida por Asier Altuna, representa la vida y las relaciones familiares en un caserío vasco actual. Tras su visionado, trata de responder a las siguientes preguntas:

- ¿De qué manera representa Altuna el lugar de las mujeres en los caseríos? Esta representación ¿te parece realista?
- ¿En qué medida ese lugar sostiene o impugna el mito del matriarcado vasco y de que la sociedad vasca es más igualitaria que otras?

También se argumenta que las mujeres en la cultura vasca gozan de una fuerte presencia en el plano simbólico y espiritual. La diosa Mari es la figura principal de la mitología vasca precristiana y personaliza la Madre (*Ama*) Tierra (*Lurra*). Además, la mitología vasca está cargada de otras figuras femeninas muy poderosas, a las que frecuentemente se las describe como malvadas y con poder de seducción sobre los hombres. Este es el caso de las *lamiak*, criaturas mitológicas de figura femenina y patas palmeadas que viven en los ríos y en las cuevas. Según las leyendas del folclore vasco, estos seres de género femenino enamoraban a los hombres para luego engañarlos (Rubio, 2003: 2). Este tipo de discursos, lejos de favorecer un imaginario no sexista, reproducen algunos de los estereotipos más tradicionales y misóginos sobre la feminidad, como también ha ocurrido en la tradición judeocristiana con las figuras de Eva y de Pandora.

LA INSTRUMENTALIZACIÓN DE LA LUCHA FEMINISTA

Desde su origen a mediados de la década de los setenta del siglo XX, el MLNV, originado en torno a ETA, trató de generar vínculos con el incipiente movimiento feminista y creó un entramado de organizaciones vinculadas a sus planteamientos ideológicos y estratégicos. En teoría, el feminismo era uno de los movimientos sociales a los que la organización armada y el MLNV prestaban apoyo. En la práctica, las organizaciones feministas de la izquierda *abertzale* pertenecían al llamado feminismo ideológicamente dependiente, con un discurso centrado en la denuncia de una triple opresión, la de la mujer, la nacional y la de clase, y defendían que únicamente la liberación del pueblo vasco y el establecimiento de una revolución socialista podrían favorecer la igualdad entre mujeres y hombres. Estas organizaciones, carentes de autonomía política, resultaban útiles al nacionalismo radical para cristalizar su presunto combate contra el ideario dominante y sus principales agentes de socialización, en especial, la familia y la Iglesia. Al juzgar a la mujer como puntal reproductor del modelo tradicional y, simultáneamente, sujeto alienante y alienado por unas instituciones que, a su juicio, funcionaban a modo de auténticos "campos de concentración", ella debía participar activamente en la transformación revolucionaria de la sociedad desde un nuevo marco político:

> Hay que luchar en el sistema educativo, en la familia, prensa y TV para que se den cursos con estos temas. Otro, hay que independizar

> la sexualidad de la religión. No hay liberación sexual allí donde impera el terror moral y el miedo al pecado, allí en donde se impone la castidad y la virginidad, rechazando los anticonceptivos y el condón. Religión y placer creativo son irreconciliables. Por último, criticar la institución familiar. Bien es verdad que la familia *abertzale* tiene un gran mérito en el mantenimiento del euskara y del independentismo, en la incondicional solidaridad con l@s prisioner@s y exiliad@s, con l@s parad@s, etc. Pero la familia es, en el plano sexual, sobre todo, la primera fábrica de miedo al placer y producción de obediencia, además del campo de concentración de la mujer emancipada (Gil de San Vicente, 2005).

En realidad, la estructura del MLNV tenía un carácter piramidal y en su seno todos los movimientos de cultura alternativa fueron instrumentalizados al servicio de los objetivos del conjunto. Cualquier análisis de los organismos populares que perfilaron los contornos de la izquierda *abertzale* confirma la existencia de una doble o triple militancia de personas que, además de formar parte de determinados cuadros, participaban activamente en la lucha "antirrepresiva", en las reivindicaciones relacionadas con el euskera, en el feminismo, en el ecologismo, etc., demostrando así una profunda interdependencia entre los diferentes grupos que facilitaba la tarea socializadora de sus principios ideológico-políticos (Sáez de la Fuente, 2002: 30 y 255). Esta instrumentalización significó un intento de cooptar la fuerza y la capacidad movilizadora de estos movimientos sin asumir como propios de manera real sus objetivos específicos.

En la Transición, esta instrumentalización de las reivindicaciones feministas al servicio de su alternativa global de ruptura resultó especialmente visible en dos casos paradigmáticos: los juicios de Basauri[1] y las agresiones sexuales que sufrieron dos

1. En 1979, dos mujeres fueron arrestadas por practicar abortos en la localidad vizcaína de Basauri y otras nueve por haber abortado. Tras los arrestos, se organizaron masivas movilizaciones feministas a favor del derecho al aborto en todo el Estado, pero, especialmente, en el País Vasco y, sobre todo, en Bilbao. Estas protestas fueron significativas para la consolidación del movimiento feminista vasco porque ayudaron a mantenerlo unido, a conseguir una fuerte presencia en las calles y a socializar sus reivindicaciones entre la ciudadanía. Este proceso judicial finalizó en 1985 cuando las once mujeres fueron absueltas.

mujeres vinculadas al movimiento *abertzale*. Como protesta, ETA atentó contra la propiedad de un médico antiabortista y contra un cine que proyectaba pornografía. Lejos de hacer una lectura feminista de los dos hechos, ETA y su entorno político y social percibieron los juicios de Basauri exclusivamente como un problema de clase social porque se consideraba que las condiciones clandestinas en las que se realizaban los abortos afectaban solo a las mujeres con menos recursos económicos. En relación con las agresiones sexuales, las condenaron solo en función de la identidad política de las víctimas, en lugar de denunciarlas también como ataques a esas mujeres por su condición de mujeres (Lozano, 2016: 43).

Hay similitudes entre la estrategia de cooptación del feminismo y lo ocurrido con el ecologismo o el antimilitarismo, movimientos que, como consecuencia de esa estrategia, experimentaron profundas fracturas internas. Para cuando, en la década de los años ochenta del siglo XX, la izquierda *abertzale* asumió las demandas ecologistas contra la construcción de la central nuclear de Lemóniz y ETA militar y ETA político-militar intervinieron con sus atentados, secuestros y asesinatos, ya existían iniciativas como la Comisión de Defensa de una Costa Vasca no Nuclear (1974), donde se aglutinaban los expertos, y los Comités Antinucleares (1977), cuya labor se centraba en organizar movilizaciones populares no violentas. Mientras Lemóniz se veía abocada al cierre, se iniciaron las reacciones contra el proyecto de la autovía de Leizarán para unir Gipuzkoa y Navarra.

En medio de los atentados cometidos por ETA y por grupos de jóvenes —que con sus actuaciones constituyeron el sustrato de la violencia callejera o *kale borroka*— se llegó a un acuerdo políticamente muy controvertido que Herri Batasuna (HB) capitalizó bajo la expresión: "Ayer logramos parar Lemóniz, hoy modificar la Autovía y mañana conseguiremos la autodeterminación". Respecto al antimilitarismo, la filosofía y la práctica de la desobediencia civil no violenta de la insumisión se vio cuestionada con planteamientos que se negaban a hacer la mili con el ejército español, pero que defendían el uso de la violencia con eslóganes como "la mili con los milis" (refiriéndose a ETA militar).

PRESERVACIÓN DEL IMAGINARIO TRADICIONAL HOMBRES-*GUDARIS* Y MUJERES-CUIDADORAS-PATRIOTAS

El nacionalismo vasco radical trató de desmarcarse de las perspectivas religiosas y conservadoras prototípicas del primer nacionalismo, representado políticamente por el Partido Nacionalista Vasco (PNV). No obstante, a pesar de que en teoría apoyaban las reivindicaciones de igualdad del movimiento feminista, continuaron anclados, al menos parcialmente, en el imaginario jerarquizado y patriarcal de la complementariedad entre los sexos.

Desde el primer nacionalismo, las mujeres desempeñaron un papel nuclear de mediación en clave de "madres patriotas" y como símbolo de la nación, de la Ama Aberria (Madre Patria), que tenía que "ser defendida por los protagonistas políticos masculinos" (Hamilton, 1998: 171). Con la izquierda *abertzale*, emergió un nuevo imaginario de la mujer militante que abandonaba la maternidad y se comprometía políticamente con la causa nacionalista. Sin embargo, la mayoría de las mujeres continuaron viéndose limitadas por construcciones patriarcales de la diferencia sexual que las concebían en términos de "ángeles del hogar" y como sostén vital de la unidad nacional y familiar (Arizabaleta, 2019: 15). ETA no dio muestras claras de querer romper con esa cosmovisión y, de hecho, siguió haciendo uso de la misma cuando le interesó. De acuerdo a este estereotipo tradicional, ellas mantuvieron el papel de amas de casa —muy interiorizado a través del concepto *etxekoandre* (señora de la casa)— y asumieron las responsabilidades de criar a los hijos, de conservar la familia, de transmitir los "valores *abertzales*", de mantener el equilibrio afectivo de los hombres de la familia y de proteger la vida de los militantes de ETA (Rodríguez, 2017; Del Valle, 1985: 239).

En el caso de los hombres, se elaboró una memoria que mitificaba el sacrificio de los varones vascos en la Guerra Civil. Los militantes de ETA "se declararon continuadores de los *gudaris* del 36" (Martínez, 2018: 203) y su identidad se forjó en clave de héroes y mártires que estaban dispuestos a morir por la patria y a matar por ella (González-Allende, 2023: 310). Estos "héroes" adquirieron una entidad sagrada y pasaron de ser victimarios a víctimas que sacrificaban sus vidas por una misión histórica superior a cualquier otra: la liberación del pueblo vasco. El ejercicio de la violencia reforzó la división sexual del trabajo y, por tanto, el binomio hombre-*gudari* y mujer-cuidadora de modo que los hombres "públicos" tenían que militar continuamente y estar siempre listos para luchar y, para que esto ocurriera, las mujeres "privadas" tenían que encargarse sin descanso del cuidado de los *gudaris* (Etxebarrieta y Rodríguez, 2016: 35). En consecuencia, en el nacionalismo vasco radical las mujeres siguieron siendo definidas con frecuencia en función de las relaciones que mantenían con los hombres, es decir, por ser las madres o las esposas de los *gudaris*.

ACTIVIDAD 4

En el libro *Patria* (2016), escrito por Fernando Aramburu, aparece el personaje de Miren, madre de Joxe Mari, un terrorista de ETA que cumple condena en prisión. En la novela se observa un cambio profundo en el posicionamiento de Miren sobre el uso de la violencia con fines políticos.

- Identifica la posición de Miren en cada uno de los siguientes fragmentos.
- ¿Consideras que la evolución que experimenta el personaje la asemeja al perfil de madre patriota descrito anteriormente? ¿Por qué?

Reflexiones de Miren y conversación con su marido después de presenciar junto con su amiga Bittori la participación activa de su hijo Joxe Mari en un acto de violencia callejera o *kale borroka* (capítulo 7: "Piedras en la mochila"): —Vamos, vamos. Todos aquellos carteles en las paredes de su cuarto. Y la figura de madera que tenía encima de la mesilla, la de la culebra enroscada al hacha, ¿qué? Una tarde, Miren había llegado a casa inquieta/contrariada. Habían visto a Joxe Mari metido en un altercado callejero en San Sebastián. ¿Que quiénes lo habían visto?	Conversación entre Miren y su hija Arantxa después de que esa misma mañana una bomba asesinase a un amigo del marido de Arantxa en presencia de este y de su hijo (capítulo 89: "El aire en el comedor"): [Arantxa le dice a Miren)] —Oye, ¿tú que le has dicho al niño? [Miren le responde] —Y vosotros, ¿qué le habéis dicho de unos hombres malos? Esas caras desencajadas, esas miradas coléricas, esas palabras que salen como disparos de las bocas. Arantxa, agresiva, desafiante, se arrancó a hablar en castellano.

—Pues, ¿quién va a ser? Bittori y yo. ¿O es que te crees que salgo con uno?

—Bueno, tranquila. Es joven, tiene la sangre caliente. Ya se le pasará.

Miren, sorbos a una taza de tila que se había preparado precipitadamente, invocó a San Ignacio en solicitud de protección y consejo. Y mientras pelaba ajos para incrustarlos en la carne de un besugo, se santiguaba sin soltar el cuchillo. Durante la cena, no paró de monologar ante la rueda de familiares callados, auguradora de disgustos graves, atribuyendo las andanzas de Joxe Mari al influjo de las malas compañías. Echaba la culpa al hijo de la Manoli, al del carnicero, a toda la cuadrilla.

—Está hecho un adán, con esas pintas y ese pendiente que me pone de los nervios. Llevaba la boca tapada con un pañuelo [...].

Fuente: Aramburu (2016).

—No he perdido un hijo y no soy viuda de milagro. Los dos han pasado junto a la bomba medio minuto antes de la explosión.

—Aquí no luchamos contra inocentes.

—Ah, pero ¿tú luchas? ¿Te tengo que dar la enhorabuena por lo de esta mañana?

—El concejal ese, amigo de tu marido, era del PP.

—¿Estás chalada? Por encima de todo era una buena persona y un padre de familia y un hombre con derecho a defender sus ideas.

—Era un opresor. Y te recuerdo que tienes un hermano pudriéndose en una cárcel española por culpa de buenas personas como esa.

—A tu hijo, del que estás tan orgullosa, le probaron delitos de sangre. Por eso está en la cárcel, por terrorista. Te lo repito, por terrorista, no por hablar en euskera como le contaste una vez a Endika. Mentirosa, más que mentirosa.

—¿Qué tienes tú que decir de mi hijo, de un *gudari* que se ha jugado la vida por Euskal Herria?

—Pues vete a casa de las víctimas de tu hijo y, hala, explícales. A ver si te atreves a mirarles a los ojos [...]

Fuente: Aramburu (2016).

La relevancia simbólica que las relaciones maternofiliales tuvieron en el nacionalismo radical fue especialmente visible en los distintos tipos de manifestaciones proamnistía y en contra de la dispersión de presos y en los ritos funerarios de los miembros de ETA. En las manifestaciones, mujeres de avanzada edad (las madres de los presos de ETA) marchaban en primera fila detrás de las pancartas para exigir la excarcelación de sus hijos (Hamilton, 2000: 157). Por otro lado, en los funerales de los militantes fallecidos, entre los familiares, la madre ocupaba un lugar preferente, hecho que se interpretaba como síntoma de la equivalencia que la doctrina nacionalista realizaba entre *ama* (madre), *aberria* (patria) y *lurra* (tierra). Al igual que ocurrió en la Guerra Civil, cuando la prensa nacionalista vasca pidió a las mujeres que colaborasen mediante su capacidad para gestar nuevos *gudaris* y que ofreciesen "generosamente a sus hijos al sacrificio" (Aresti, 2014: 301), la figura materna en el nacionalismo radical era también la muestra de quien más sufría y de quien, a través de su dolor, cargaba sobre sí la situación opresiva del pueblo (Sáez de la Fuente, 2002: 218). En su análisis etnográfico, Begoña Aretxaga subraya:

> La *indarra* (fuerza) se expresa de diferente manera en el hombre y en la mujer; así, la *indarra* masculina se manifiesta culturalmente a través de la acción cuya más clara expresión son las competiciones deportivas de que es objeto. Por el contrario, la *indarra* femenina se expresa fundamentalmente en el estar, el contener, el apoyar, lo que puede verse en el ritual funerario, donde es la mujer quien tiene el papel de asumir una situación dolorosa. Ella está junto al muerto en todo momento, recibiendo a las visitas, preparando todo lo necesario y llevando el luto. Asistiendo a las obligaciones rituales para con el difunto, reactiva en cada momento una situación dolorosa y la contiene (Aretxaga, 1988: 93).

Las relaciones entre los padres y los hijos varones fueron más problemáticas. Con frecuencia, los militantes de las primeras cohortes de ETA prefirieron desvincularse del legado de sus padres porque no aceptaban que estos hubiesen perdido la guerra y que no hubiesen sido capaces de enfrentarse a la dictadura. Las nuevas generaciones lo concibieron como un signo de debilidad. Por eso, en su análisis sobre los testimonios de militantes de ETA, Carrie Hamilton insiste en que estos:

> [...] se caracterizan por una tensión entre la necesidad de romper con el padre para entrar en la esfera pública del activismo político, y una nostalgia por lo privado asociada a la madre, que representa un mítico hogar vasco "perdido". Estos recuerdos personales resuenan

> y refuerzan las representaciones públicas de la comunidad nacionalista radical como una familia nuclear con el hijo militante en el centro, flanqueado por un lado por una madre amorosa y comprometida y por el otro por un padre débil (Hamilton, 2000: 159).

A partir de los años ochenta, la propia organización militar buscó instrumentalizar la figura del "padre débil" para reclamar así la paternidad política de sus militantes caídos. Así ocurrió con Miren Bakarne Arzelus, primera mujer militante de ETA muerta por disparos de la Guardia Civil (1986). Frente al funeral católico y sin connotaciones políticas que su familia biológica —simpatizante del PNV— quería, la izquierda *abertzale*, que pretendía glosar su significado político como patrimonio del pueblo, subrayaba: "Miren Bakartxu no te pertenece porque seas su padre. Pertenece al pueblo porque por él ha dado la vida. Y tu actitud solo favorece a los que la han asesinado" (cfr. Sáez de la Fuente, 2002: 180). Tras un durísimo conflicto, se impuso la lógica de la organización armada y de su entorno político, quienes, para conservar el esquema ritual tradicional sobre el héroe-mártir, reemplazaron a la madre biológica de la fallecida por una madre política "patriota", Itziar Aizpurua, una mujer de 43 años y sin hijos claramente identificada con sus presupuestos ideológicos y con la justificación del uso de la violencia para defenderlos. Así relataba los hechos Iñaki Arzelus, padre de Miren Bakarne:

> A las nueve menos cuarto [...] habíamos ido a ver a nuestra hija al depósito del cementerio y en ese momento varias señoras comenzaron a colocar pegatinas de ETA en el ataúd. Después, se apoderaron de la caja y la condujeron al panteón familiar, aunque éramos nosotros los que queríamos hacerlo. Después del responso [...] cuando el sacerdote dijo que podíamos proceder al entierro, un grupo de izquierda *abertzale* gritó: "aquí no se entierra a nadie". Y procedieron a hacer su acto político. Consideramos que han pasado por encima de nuestros derechos. Incluso me dijeron que no tenía poder sobre mi hija, porque mi hija era del pueblo (*La Vanguardia*, 18 de enero de 1986).

3. GÉNERO Y VIOLENCIA EN EUSKADI: LAS MUJERES COMO VICTIMARIAS

PESO ESPECÍFICO Y RASGOS BÁSICOS DE SU PERFIL

En la segunda mitad del siglo XX, la participación de las mujeres en grupos armados ilegales fue cada vez mayor (Garrido, 2021). Como sucede con el IRA, ETA ha estado constituida mayoritariamente por hombres. Su peso específico en la militancia pasó de representar el 4% en 1970 al 11% en 1995, pero nunca llegó a rebasar la frontera del 15% (Reinares, 2004: 467). En contraste, en el panorama internacional se pueden identificar casos de grupos armados donde la presencia femenina ha sido muy significativa como en el caso de las FARC en Colombia, del Partido de los Trabajadores del Kurdistán (PKK), de Sendero Luminoso en Perú y de Los Tigres de Liberación del Eelam Tamil (en los cuatro casos, las mujeres representan el 40% de los activistas) (Bloom, Gill y Horgan, 2012; BBC, 2014; Garrido, 2021; Freedman, 2020). Estos datos ponen de manifiesto hasta qué punto la miseria y la falta de alternativas pueden favorecer el ingreso de mujeres en organizaciones armadas.

No hubo mujeres entre las personas que fundaron la organización armada, pero las primeras se incorporaron a comienzos de la década de los años sesenta del siglo XX. Durante el Juicio de Burgos (1970), que convirtió a ETA en referente de la lucha antifranquista no solo a los ojos del nacionalismo, sino también ante otros sectores significativos de la oposición política y de la opinión pública dentro y fuera de nuestras fronteras, se visibilizó por primera vez la militancia femenina. En Burgos fueron juzgadas tres mujeres: Jone Dorronsoro, Itziar Aizpurua y Arantza Arruti. En más de cincuenta años muy pocas mujeres llegaron a la cúpula, pudiendo identificarse entre ellas, además de a Yoyes, a Soledad Iparragirre (Anboto), a Carmen Gisasola (La gorda) y a Iratxe Sorzabal (Ezpela).

Tanto los activistas como las activistas ingresaron en ETA con alrededor de 20 años. Unos y otras procedían de entornos sociales similares. Si en los años setenta un buen número de ellos y de ellas provenían de familias euskaldunes residentes en zonas con niveles históricamente altos de apoyo al nacionalismo, sobre todo de pequeñas localidades de Gipuzkoa y Bizkaia, o de zonas urbanas más grandes, a partir de los ochenta se incrementó el porcentaje de quienes eran hijos e hijas de familias migrantes de otras regiones de España que habían llegado al País Vasco para proporcionar la mano de obra demandada por la intensa industrialización del tardofranquismo o de familias mixtas (Hamilton, 2007a). Por otro lado, ellos y ellas, antes de entrar en ETA, habían militado activamente en los distintos círculos políticos, sociales y culturales próximos a la organización armada e incluso habían hecho uso de la violencia callejera (*kale borroka*). La entrada de hombres y de mujeres también siguió el mismo patrón: al principio, eran miembros "legales" (al no estar fichados por la policía, compaginaban su vida cotidiana normal con la actividad violenta); una vez identificados por los cuerpos policiales, pasaban a la clandestinidad como "miembros liberados", a sueldo de ETA.

Las mujeres entraron con más facilidad en ETA cuando esta vio que su incorporación podría suponer un activo estratégico ya que, precisamente por ser mujeres, pasaban más desapercibidas ante las Fuerzas de Seguridad del Estado; además, la percepción de que una mujer en plenas facultades mentales no podía ser una terrorista supuso, sobre todo al principio, una ventaja para ellas cuando fueron procesadas y sometidas a juicio porque incluso se llegó a interpretar que sus acciones eran fruto de una patología

(Hamilton, 2007a: 139; Rodríguez, 2017: 431-432). No obstante, en realidad, entraron más mujeres en la organización armada cuando hubo detenciones masivas y, por tanto, esta necesitó incrementar el número de activistas.

MOTIVACIONES Y DIFICULTADES DE LAS MUJERES PARA SU INGRESO

En las primeras épocas, mientras que los hombres fueron captados por diversas vías como organizaciones estudiantiles, seminarios de la Iglesia católica, universidades, reuniones clandestinas en fábricas, etc., las mujeres, sin embargo, tuvieron un acceso mucho más restringido a estos espacios —y, por tanto, menos posibilidades de captación—, fruto de la persistencia de la división sexual del trabajo y de su tardía y desigual incorporación a determinados sectores educativos y laborales. Ellas entraron en contacto con ETA por medio de amistades, actividades culturales y grupos de iglesia mixtos liderados por curas nacionalistas de tendencias izquierdistas (Hamilton, 2007a: 135).

Aunque existe la creencia de que uno de los desencadenantes fundamentales del ingreso de mujeres en ETA fueron los vínculos afectivos con varones que pertenecían a la organización armada, se trata de un factor que afectó a hombres y a mujeres por igual. Con frecuencia, ellos —que solían recibir un apoyo más decidido por parte de sus familias— también eran captados por personas que pertenecían a su entorno más cercano y tanto a unas como a otros les guiaban sentimientos de rechazo, de odio, de ira y de venganza hacia quienes consideraban "enemigos" del pueblo vasco (Forján, 2021: 140). Esos sentimientos se alimentaban ideológica y políticamente de una interpretación de la realidad vasca desde claves de opresión y de ocupación, y de un férreo antiespañolismo, claves que compartían mujeres y hombres. Las primeras generaciones, tanto ellas como ellos, veían en ETA el símbolo que condensaba la lucha contra todas las injusticias desde una visión muy simplista y deformada de la realidad. Así lo narra Carmen

Gisasola —perteneciente a la Vía Nanclares compuesta por activistas que se desvincularon expresamente de la organización armada tras asumir una posición crítica respecto de la violencia— en una entrevista:

> Tras perder la Guerra Civil, ETA encarnaba la nueva resistencia vasca y nosotros nos considerábamos unos revolucionarios. Eran los años de eclosión de muchas guerrillas en el resto del mundo y que para nosotros eran una referencia. Pensábamos que todo era posible. El lema entonces era "Un pueblo armado jamás será oprimido"; muchos jóvenes estábamos fascinados por ese tipo de cosas. Hay que tener en cuenta que nos movíamos con esquemas muy simples. Soñábamos que la revolución nos conduciría hasta una Euskal Herria independiente, socialista y euskaldun y creíamos que el que no estaba de nuestra parte se situaba contra el pueblo vasco [...] (cfr. Unzueta, 2016: 146-147).

No obstante, existía una diferencia significativa en las raíces de las motivaciones para entrar en ETA que procedía de la socialización diferencial por género, explicada en la primera parte de este libro. El ingreso de las mujeres se revestía de un carácter colectivo que respondía a los atributos identitarios tradicionales de altruismo, sacrificio y abnegación ligados a la maternidad, pudiendo establecerse un perverso paralelismo entre el compromiso con el cuidado de la propia familia y el compromiso con el cuidado de la patria que implicaba el uso de la violencia (Ama Aberria): "La lógica de la inmolación o sacrificio en la que son socializadas las mujeres —las de ETA y todas las del mundo— es causante de que se instaure en su mentalidad la creencia de que están obligadas a hacer algo por su pueblo, se erigen en responsables naturales del bien común" (Lozano, 2016: 47). Mientras, la entrada de los hombres adquiría connotaciones más individualistas porque se interpretaba que libre y voluntariamente decidían tomar las armas y, así, haciendo uso de su capacidad de agencia, revestían sus acciones violentas de una épica heroica propia de las versiones más radicales de la masculinidad hegemónica (Lozano, 2016: 48).

Estas diferencias se reflejan en la novela *Gaur Zortzi* (2012), escrita por Carmen Gisasola. Iraia, la hija de Andrea que con 19 años decide militar en ETA, percibe su ingreso como consecuencia de su obligación. Así lo indica en la nota de despedida que le escribe a su madre:

> Ama, tengo que dejar la casa porque tengo a los criados [la policía] detrás. No te agobies por eso. No te preocupes por mí. Considéralo como consecuencia de mi obligación. No quiero pensar en la separación de las dos. Nunca olvides que te llevo en el corazón. Ama, siempre te querré (Gisasola, 2012: 12).

Mientras, Andoni —el preso de ETA que recibe una larga carta de Andrea— lo hace desde una comprensión más heroica y considera que su militancia es fruto de su compromiso con la liberación del pueblo vasco:

> Andoni no tenía su historia como grande ni como trágica. Como compromiso del militante sí, porque siempre logró superar todos los obstáculos: las muertes de sus compañeros, las torturas, las imposibilidades de la soledad. La vida del militante, sin un día seguro, era la de resistir y afrontar la vida esperando el día de la libertad (Gisasola, 2012: 90).

Por otro lado, en el ingreso de mujeres en ETA también influyó la expectativa de reconstruir las relaciones de género, convencidas —sobre todo en las primeras décadas y especialmente entre quienes procedían del sector feminista cooptado por la izquierda *abertzale*— de que la perspectiva emancipadora era compartida y que, por tanto, iban a poder romper con los roles tradicionales de género y con el único destino que parecía tener su vida: ser esposa, ama de casa y madre:

> Yo me metí terrorista para no limpiar la casa. Las amas de casa me daban espanto. Los planes del pueblo me aburrían. Los domingos a la plaza a bailar y luego a cuidar de dos niños mientras el marido jugaba la partida y escuchaba el fútbol en la radio y tú vestida con faldas de tubo. Ni hablar (cfr. Rodríguez, 2017: 430).

Desde esa militancia política inicial, creían que con la liberación del pueblo vasco llegaría también la liberación de las mujeres. Este convencimiento se debilitó al descubrir que ETA tendía a reproducir las mismas relaciones asimétricas de género que las existentes en la sociedad y provocó en ellas significativas contradicciones internas que se vieron obligadas a sortear como pudieron.

Para poder ingresar en la organización armada, las mujeres buscaron contactos de confianza, que normalmente eran otras mujeres, y varias entraban al mismo tiempo (enrolamiento colectivo). Pero a veces se encontraban con que mujeres dedicadas a captar nuevos activistas se mostraban recelosas hacia su entrada. Uno de los principales hándicaps a los que se enfrentaron fue el prejuicio sexista de que no estaban capacitadas para ejercer la violencia porque eran más débiles que los varones y que esa debilidad se manifestaba especialmente en su incapacidad para empuñar un arma:

> Yo tenía muchos problemas para captar porque no me fiaba de que fuesen valientes o tuviesen la suficiente fuerza. Yo necesitaba gente valiente. Fíjate cómo son las cosas que veía mujeres, incluso de mi grupo de amigas, y decía: "estas no tienen la suficiente valentía y fuerza para entrar en ETA". Y eso que podían ser muy amantes del euskera y nacionalistas; pero al final siempre capté hombres (cfr. Rodríguez, 2017: 431).

ASIMETRÍAS DE GÉNERO DENTRO DE LA ORGANIZACIÓN ARMADA

En sí misma, la participación de mujeres en ETA supuso una subversión-transgresión de los roles de género tradicionales ejemplificados en el binomio mujer pacífica versus hombre violento. Además, para ser etarra, una mujer tenía que renunciar a un modelo de feminidad identificado con la maternidad (Lozano, 2016: 49-50). No obstante, a lo largo de la historia de la organización armada, hubo mujeres que fueron madres de niños o niñas concebidos en la clandestinidad, con frecuencia fruto de la relación con otros activistas, y 40 de esos niños y niñas nacieron en prisión; como consecuencia de la política de dispersión de presos, se convirtieron en los llamados "niños mochila" porque, tras dejar de vivir en el recinto carcelario al superar la edad legal permitida (3 años), tenían que recorrer cientos de kilómetros para visitar a sus madres encarceladas (*El Mundo*, 25 de enero de 2017). En cualquier organización armada, el nacimiento de los hijos muestra que los imperativos de género tienden a persistir en la medida en que las mujeres-madres desarrollan sentimientos de culpa y de responsabilidad sobre su prole —sentimientos fundamentalmente inoculados a través de la socialización— que aparecen de forma mucho más atenuada cuando no están ausentes en activistas varones enfocados en la prioridad de su "lucha heroica" (Castellanos, Rodríguez y Bermúdez, 2001: 177-178).

Como sucede en los ámbitos políticos, económicos y sociales más diversos, a las activistas de ETA se les exigía demostrar su valía más que a los miembros varones. Por otro lado, se producía una clara división sexual del trabajo en el interior de la organización, de modo que las mujeres, sobre todo en las primeras épocas, no solían asumir posiciones de liderazgo político y militar, tendiendo a dedicarse más a tareas relacionadas con la recogida de información y el mantenimiento (Pando y Rodríguez, 2020: 3). De hecho, con frecuencia, los varones entendían que las labores domésticas eran competencia prácticamente exclusiva de las mujeres. En ocasiones, algunas etarras se veían a sí mismas como simples criadas:

> Casi siempre nos tocaba vivir con hombres y a mí el exilio me costó mucho, porque es cuando tomas conciencia real del machismo, cuando empiezas a encontrarte con los varones y cuando llegan los problemas. Era una pelea constante para que hiciesen las cosas. Pero no nos callábamos. Cuando nos juntábamos todas aprovechábamos y les decíamos "a ti te toca fregar, hoy no has hecho la compra, eres un huevón". Era una continua bronca y a veces terminabas cansada. No solo no tenían ninguna costumbre de participar en las labores de la casa, sino que no tenían intención alguna. Era más fácil para ellos que lo hiciéramos nosotras. Pero yo no había llegado hasta allí y lo

había dejado todo para terminar limpiando el culo de los *gudaris* (cfr. Rodríguez, 2017: 436).

Las mujeres tenían vetado o limitado el acceso al manejo y al uso de las armas porque no se las consideraba "valientes". Las armas eran concebidas como expresión paradigmática de la masculinidad y, por tanto, de la virilidad. Sin cuestionar en momento alguno el uso de la violencia para conseguir objetivos políticos, testimonios de mujeres etarras enfatizan la perspectiva patriarcal dominante sobre las armas en el interior de la organización:

> [...] estaba harta de que viniese el liberado de turno, pusiese la pipa en la mesa y "esto es así por mis cojones". Yo nunca he sido militarista, pero podía entender la lucha armada como herramienta política. Ahora bien, usar las armas para demostrar lo hombres que eran... el cojonímetro le llamaba (cfr. Rodríguez, 2017: 435).

> A ver, yo conocía a esta mujer que era asistente de Txomin. Bueno, a ver, aparte de eso, nunca me encontré con ninguna mujer ocupando puestos de importancia. Y olvídate de que formen parte de unidades armadas. En aquellos días simplemente no había ninguna. Sin duda se debe a que los vascos siempre hemos tenido este complejo extremadamente machista. Eso es seguro [...] (cfr. Reinares, 2004: 469).

Mujeres que, incluso, tras la autodisolución de la organización armada, se han mantenido dentro de los cánones ideológicos y estratégicos de la ortodoxia etarra, verbalizan la persistencia de las asimetrías de género:

> [...] Con el paso de las décadas fuimos muchas más, aunque en la mayoría de las ocasiones he militado con hombres, que eran el 90% [...] en lo formal no había diferencias, había mujeres en grupos formativos, en la dirección o en el aparato político y

económico. Sin embargo, en lo subjetivo, los roles en los que hemos sido educados, puramente patriarcales, sí se observaban (Gago y Ríos, 2021: 171 y 189).

Consideradas un factor disruptor, se las veía como generadoras de problemas, bien porque, ante situaciones de peligro, los hombres podrían arriesgarse para garantizar su seguridad o bien porque se generasen vínculos afectivos inadecuados para vivir en clandestinidad (Pando y Rodríguez, 2020: 3). En el fondo, el problema era que la presencia de mujeres era percibida como un elemento provocador desde la perspectiva sexual. Mujeres etarras describen con profundo enfado y desasosiego episodios de acoso y de abuso sexual por parte de sus compañeros:

> Bastante teníamos con sobrevivir y con aguantar a alguno de ellos. A veces se te metían en la cama. Con todo lo que trae eso ¿eh? ¿Revolucionarios? Me descojono yo de los revolucionarios de izquierdas (cfr. Rodríguez, 2017: 436).

> Había uno de esos payasos que, bueno, quería tener sexo conmigo. Y yo no quería. Entonces él dijo, ten cuidado, o enviaré un informe negativo sobre ti. Sí, seguro que hubo chantajes de ese tipo. A veces esto sucedía y simplemente me arruinaba por completo (cfr. Reinares, 2004: 471).

En ese clima, las mujeres trataron de desarrollar estrategias para convivir, creando grupos no mixtos que les permitían escapar de la soledad y del control y cuestionamiento por parte de los hombres, pero también encontrar referentes, modelos femeninos:

> En el caso de ETA estas células eran espontáneas y, parece que, al contrario de lo ocurrido en otros grupos armados como la guerrilla kurda, desde la dirección no se fomentó la creación de unidades de mujeres [...] (Rodríguez, 2017: 421).

ACTIVIDAD 5

En la novela *Hijos de la fábula* (2023), Fernando Aramburu utiliza la ironía para caricaturizar las asimetrías de género dentro ETA.

- Identifica en el siguiente fragmento cómo lo hace:

—Aprende de mí. Me casé con ETA. Con nadie más. Y mis hijos serán las *ekintzas*. Que se me ponga delante una mujer en canicas. No pierdo la calma. Aquí me tienes, preparado para la lucha en favor de nuestro pueblo. No me ata una mujer. Solo los vascos libres podemos liberar a Euskal Herria. O estamos a una cosa o a otra. La independencia no se consigue empujando por la calle un carrito de bebé. Nuestra misión es empuñar las armas, no el biberón. Algún día alcanzaremos el objetivo. Entonces podrás volver al pueblo. Tu hijo estará orgulloso de ti. Y a lo mejor Karmele. Pero primero Euskal Herria, ¿eh? Después, lo otro [...] Con las mujeres, mucho cuidado, Joseba. Son peligrosas [...]

—Pues en ETA ha habido mujeres en puestos de dirección.

—Así se fue ETA al traste, cada día más débil y más incapaz. No quiero mujeres en nuestra organización. La lucha armada es cosa de hombres y ni siquiera de todos, sino de los más fuertes y de los más lanzados.

—Hoy en día es difícil cerrarles la puerta a las mujeres. Por cualquier cosa te montan el pollo feminista. Luego todos esos políticos babosos se solidarizan con ellas para conseguir sus votos.

—Hay que dejarlas fuera. Ya nos pensaremos un truco.

—[...] Son muy listas.

—Listas porque nadie las para.

—Pues yo siento simpatía por ellas.

—Allá tú.

Fuente: Aramburu (2023: 24-25 y 160-161).

- ¿Cómo contrasta el planteamiento de Aramburu con lo que tú has percibido sobre estos temas en tu entorno?

YOYES, LA MALDICIÓN DE LA DISIDENCIA

"Se precisa más valentía para salir de ETA que para entrar en ella".

Carmen Gisasola

De la mano de José Miguel Beñarán Ordeñana (Argala), Yoyes se convirtió en la primera mujer en llegar a la cúpula de ETA militar en la segunda mitad de los setenta y en "el primero de sus jefes en coger la puerta y cerrarla por fuera" (Unzueta, 2016: 178). Muy pocos años después, tras el asesinato de Argala por el Batallón Vasco Español (1978) y la deriva militarista de la organización armada que marcaría los llamados años de plomo, decidió abandonarla discretamente y pasó seis años en México (1979-1985), donde estudió y tuvo un hijo, mientras su pareja permanecía en Euskadi; parece que este fue uno de los motivos que la llevó a pensar en regresar a su tierra. Sin renunciar a una vivencia intensa de la maternidad, insistía, desde una conciencia feminista, en la necesidad de estar alerta para seguir desarrollando su capacidad de pensar y de actuar (Yoyesen Lagunak, 1996: 59).

La detención de Txomin Iturbe por la policía francesa dejó a Yoyes sin defensores dentro de una organización armada controlada por la línea más dura. Un año después de su retorno, María Dolores fue asesinada a tiros por José Antonio López Ruiz (Kubati) en octubre de 1986 en presencia de su hijo de corta edad en Ordizia, su pueblo natal, durante las festividades de la localidad. El atentado se produjo tras sufrir un duro proceso de acoso y de estigmatización ejemplificado en pintadas donde se podía leer "Yoyes chivata", "Yoyes traidora" o "Yoyes estás muerta", que ella misma relataba en su diario:

> Me han quitado el nombre, "Yoyes" es una ficción, una invención, no me identifico con ninguna de las que barajan desde distintas posiciones políticas y mucho menos con las que han venido barajando desde hace años, antes y sobre todo durante mi estancia en México. En mi pueblo he visto una pintada que dice "Yoyes chivata" y otra "Yoyes traidora", me imagino que habrá más... en Ataun también. Me duele la cabeza. Soy feliz de estar con A. y con J. Fui militante de ETA, dimití porque estaba cansada y en desacuerdo con la nueva línea que se perfilaba, hace de esto más de seis años, me fui, hice una vida alejada del mundo de la política, trabajando, estudiando; cuando sentí que no me involucrarían de nuevo en el pasado, tuve a Akaitz, un niño maravilloso que me absorbió un montón. [...] Hay un fantasma con mi nombre que anda rondando por ahí, un

fantasma que se vino gestando desde hace años, desde que empezaron a hablar de mí sin conocerme y que en los últimos seis años ha continuado vivo, aunque yo he tratado o he creído que moría, han contribuido para ello los periódicos que seguían atribuyéndome una militancia e inventando historias [...] Muchos son los culpables de esta injusticia, ¡demasiados! Hay otros que no, pero son impotentes ante ella. Hay también mucho silencio cómplice. Mucho miedo en la gente ante todo, ante su propia libertad... ¡cuánta mierda! (Garmendia Lasa *et al.*, 2020: 211).

En esos momentos, con motivo de la autodisolución de ETA político-militar (1982), se impulsó una política de reinserción fruto de un acuerdo entre Euzkadiko Ezkerra (EE) y el Ministerio de Interior. La izquierda *abertzale* estaba preocupada por el debilitamiento que esta política le podía suponer y el ejecutivo socialista difundió el retorno de Yoyes como un éxito de la política de reinserción, aunque no lo era, pues su vuelta estaba amparada en la Amnistía del 77, sin tener causas ni condenas pendientes.

No tengo que pedir indulto, actualmente no hay cargos contra mí, puedo volver a Euskadi sur por la amnistía del 77, sin firmar nada, ni declarar nada en público, ni nada que se le parezca, al considerar que mi regreso podía ser realizado de manera digna [...] y que la cuestión del aprovechamiento político era algo que únicamente dependía de la interpretación que pudiera darle cada fuerza política, decidí poner fin a mi exilio (cfr. Unzueta, 2016: 177).

ETA alimentó el imaginario de la traición al publicar un comunicado en el que la acusaba de traicionarse a sí misma y al pueblo vasco (Sáez de la Fuente, 2002: 174). Y también lo hizo la izquierda *abertzale* con discursos tan dogmáticos como los del entonces dirigente Tasio Erkizia: "La libertad del militante tiene grandes limitaciones por él mismo aceptadas y autoimpuestas, ya que se debe a un colectivo, a sus decisiones democráticamente aceptadas [...] Su abandono público conlleva la colaboración con el enemigo [...]" (cfr. Sáez de la Fuente, 2002: 174).

Ante el cerco al que se sentía sometida, Yoyes renegaba en su diario del maniqueísmo que subyace a las palabras héroe y traidor y de la instrumentalización y deshumanización de su figura tanto por parte del Estado como por parte de ETA. Asimismo, denunciaba con dureza la espiral militarista de la organización armada:

> [...] La gente crea mitos para bendecir o condenar [...] En ese mito, la persona de carne y hueso que es su sustrato, no existe más que como tal sustrato, no es humana [...] ¿Cómo voy a apoyar a un HB convertido en payaso de un militarismo de corte fascista? ¿Cómo me voy a identificar con dirigentes que lo único que hacen es aplaudir los atentados de ETA y pedir más muertos? [...] Ni pertenecía a ninguna colectividad organizada desde hacía muchos años, ni me he pasado al enemigo de ETA con el que se insiste en relacionarme hasta muy recientemente, unos con la idea de realzar lo que consideran su "triunfo" y otros al parecer llevados por la corriente (Yoyesen Lagunak, 1996: 64, 66-67 y 70).

El asesinato conmocionó a la opinión pública, estimuló la incipiente movilización popular contra la violencia e hizo que sus amigos, algunos excompañeros de la organización armada, alzasen su voz contra el atentado. Por qué asesinar a una mujer cuando ella no se acogió a la política de reinserción, mientras unos 300 varones, procedentes de ETA político-militar, sí lo hicieron y no fueron asesinados. Una de las respuestas a esta pregunta puede estar en que, por el hecho de ser mujer, su disidencia la colocó en la diana de ETA:

> [...] En el contexto nacionalista en el que las mujeres tienen que jugar papeles de apoyo incondicional y de mediación, una mujer disidente es más intolerable de lo que es un hombre. La "traición" de Yoyes era en ese sentido una falta mayor que la de otros, ya que, desde el punto de vista radical, se le había permitido ser lo que no le correspondía [...] (Aretxaga, 1988: 32).

Ese "ser lo que no le correspondía" muestra la transgresión de los roles de género que Yoyes realizó al entrar en ETA e incluso llegar a la cúpula de la organización armada, negándose a sí misma como mujer. En esa lógica profundamente patriarcal y violenta, abandonarla era una decisión que solo podía ser interpretada como sinónimo de una traición mayor que la de cualquiera de sus compañeros varones. Además, convertirse en una madre despojada de cualquier vínculo con el entorno radical presuponía automáticamente el abandono de cualquier posibilidad de funcionar en términos de mediación, es decir, de "madre-patriota".

Cuando Carmen Gisasola reflexiona sobre quiénes y de qué manera incidieron en su decisión de hacer autocrítica del ejercicio de la violencia y de distanciarse de ETA y de la disciplina del colectivo de presos, menciona específicamente tres tipos de mujeres a las que su narración vincula con un hilo invisible: una víctima de ETA, dos mujeres a las que conoció durante su estancia en prisión en Francia, una perteneciente al IRA y otra a las Brigadas Rojas italianas, y la propia Yoyes. En Irene Villa encontró lo que Ana Rosa Gómez Moral (2013) denomina su "víctima perfecta", en las activistas desencantadas, argumentos para deslegitimar la violencia, y en María Dolores, un referente de coraje.

ACTIVIDAD 6

- ¿Qué argumentos desnormalizadores y deslegitimadores de la violencia aparecen en las reflexiones de estas dos mujeres?
- ¿Qué cambios percibe Yoyes en el proyecto político de la izquierda *abertzale* y de ETA? ¿Cómo los relaciona con su crítica hacia el ejercicio de la violencia?
- ¿Qué le aportan a Carmen Gisasola cada una de las mujeres con las que se encuentra?

5-12-85

[...] El militarismo ha caído tan hondo en algunos sectores vascos que convierten en instrumento bélico cualquier cosa para acusar, estigmatizar o reivindicar como propios u opuestos los elementos más simples de la vida individual y colectiva (personas, música, lengua, arte...).

Cuando entré en la dirección de ETA, se me cayó el mito de un plumazo [...] Poco después fui detenida en Francia, y me encarcelaron en Fleury, donde conocí a una mujer del IRA. Me explicó que en Irlanda tenían muy avanzada la reflexión sobre la necesidad de dejar atrás la lucha armada y dar paso a un tiempo solo para la política

En Euskadi se está perdiendo en la mente de bastantes personas el aspecto "universal" del ser humano en aras de un ensalzamiento desmesurado del aspecto "particular", "propio", de "identidad nacional" en sus palabras, que puede arrasar con todo lo hecho hasta hace unos años de labor militante por una sociedad más justa, progresista, abierta, creativa, donde todos sus componentes tuvieran mayores posibilidades de desarrollo personal.

¿Qué saldrá de todo esto? Hay claramente un receso hacia posturas reaccionarias, fanáticas, intolerantes, que dominan al resto de visiones, polarizando la situación, y dejando gran cantidad de gente fuera de juego.

Del "derecho a la diferencia" (desarrollo de la cultura vasca) se ha pasado al "deber de uniformidad", en pro de un supuesto "movimiento de liberación nacional". Se ha despejado a este lema del término "y social", lo cual no es gratuito. De acuerdo con que no se puede hablar de "socialismo" como se hacía en los años sesenta y setenta, la crisis del marxismo tiene su razón de ser, pero algo muy distinto es abandonar toda pretensión de cambio al interior de la sociedad vasca, excepto en eso, en lo nacional.

Este abandono está dando al traste con un montón de valores que impregnaban el concepto de "nacionalismo" de un significado progresista, abierto, universal, y ¿qué le queda?

Si esto estuviera sucediendo en una relación de fuerzas favorables a ese "movimiento" se podría esperar un cambio en su interior, pero en la actual situación es de temer que

[...] Su experiencia era la de una joven de 17 años que vio cómo la policía mataba a su novio y consideraba la lucha armada algo demasiado serio para frivolizar sobre ello. Durante aquellos años también conocí en prisión a una mujer de las Brigadas Rojas y gracias a ella pude comprender mejor cuán cerril puede llegar a ser el funcionamiento de una organización militar, de tal forma que lo que traman cuatro personas es ejecutado por doce y el resto son simples siervos bien disciplinados [...] daba las gracias a que las Brigadas Rojas no accedieron a instancias de poder, porque, de haber sido así, hubieran sido peor que Mussolini. Estas dos mujeres con las que coincidí en la cárcel me ayudaron a abrir los ojos, así como algunos profesores universitarios con los que traté por aquel entonces. Procedían de Mayo del 68 y conocían bien el funcionamiento tan cerrado de los grupos de extrema izquierda. Todos habían abandonado sus respectivas formaciones políticas y rehicieron sus vidas. Me ayudó para ampliar mi visión del mundo. [...]

De todas las situaciones que conocí, la que más me impresionó en ese sentido [...] fue la acción en la que hirieron de gravedad a Irene Villa. Cuando se cometió aquel atentado, una mujer de Madrid [...] se me acercó y me dijo que quería hablar conmigo [...] Sus comentarios me llevaron a reflexionar por primera vez y en serio sobre la ética revolucionaria, a plantearme quién era yo y qué derecho tenía para quitar la libertad a una persona, con el pretexto de lograr la libertad del pueblo. [...]

no ocurra así. La disminución del poder de este sector no es ajena a la exacerbación de que hablaba antes, y la pérdida de fuerza provoca en este una mayor exacerbación y pérdida de dirección, con lo que la esperanza desaparece por obra y gracia de quienes proclaman esperar y desear los "objetivos más altos y puros" para la sociedad vasca.

Yo me subí al carro en 1972-73 y bajé en 1979 previendo que el aspecto social del movimiento, su visión progresista desaparecería, aumentando el militarismo basado exclusivamente en el nacionalismo oscurantista y mítico.

Fuente: Garmendia Lasa *et al.* (2020).

La lectura de su diario [el de Yoyes] arrojó mucha luz sobre mis sombras. Creo que haber accedido a la dirección de la organización le permitió conocer muy bien sus entresijos y funcionamiento. Su diario explica mejor que yo sus motivaciones. [...]

Es muy llamativo que en la reunión a la que hace referencia Yoyes [en su diario], Txomin —militante de ETA— se muestra más comprensivo hacia la reinserción, mientras que los otros —los representantes políticos— no la aceptan. Cuántas veces se ha repetido a lo largo de nuestra historia, desgraciadamente.

Fuente: Unzueta (2016: 148-151, 175 y 177).

DISCURSOS Y REPRESENTACIONES SOBRE LAS MUJERES ETARRAS EN LOS MEDIOS DE COMUNICACIÓN

Las aproximaciones feministas más recientes abordan críticamente tres imágenes androcéntricas sobre las activistas de ETA aún dominantes en la esfera pública y en los medios de comunicación y presentes en algunos estudios académicos que las hacen muy visibles, pero despojándolas de capacidad de agencia (Hamilton, 2007a; Agra Romero, 2012; Rodríguez, 2017): a) la de "madre, esposa, novia y hermana", encarnada en el supuesto deseo maternal de pertenecer y ser útil a la organización, en servir de "descanso del guerrero" y en actuar por venganza emocional y de forma irracional; b) la de "sanguinaria y malvada", un auténtico monstruo que, al optar por la violencia, habría pervertido su feminidad asociada a la procreación; y c) la de la "hipersexualización de su cuerpo" que se presenta como un estereotipo de género también negativo frente al puritanismo sexual. Estas dos últimas imágenes funcionan sinérgicamente, no se suele dar la una sin la otra y, por tanto, las vamos a trabajar bajo un mismo epígrafe.

Estos estereotipos no son exclusivos del conflicto vasco ni del terrorismo. También afectan a mujeres que participan en organizaciones terroristas que operan en otros contextos geográficos e incluso a quienes ocupan espacios, como el político, en los que su presencia aún no está suficientemente normalizada ni legitimada debido a la fortaleza de los presupuestos patriarcales (Nacos, 2005). Estos prejuicios cuestionan la violencia que las mujeres ejercen porque parece incompatible con la naturaleza "femenina" y con el rol de cuidadoras y de dadoras de vida que de ella se derivan. Mientras tanto, no cuestionan la conexión hombre-violencia. A su vez, con frecuencia, los análisis feministas ponen en entredicho tales estereotipos por su carácter sexista reproductor de un imaginario que ayuda a perpetuar la subordinación de las mujeres, pero no se preocupan de cuestionar la violencia en sí misma al margen de quien la ejerza. Desde la perspectiva ética, el cuestionamiento que hacemos no busca que mujeres y hombres participen por igual en las organizaciones violentas, sino deslegitimar el uso de la violencia tanto por parte de unas como de otros. La práctica de la violencia no puede favorecer la liberación de las mujeres; su sustrato se apoya en una visión del mundo que se sustenta en los presupuestos más tóxicos de la masculinidad hegemónica.

MUJER-MADRE, NOVIA, ESPOSA O HERMANA

En este primer tipo, las mujeres terroristas aparecen vinculadas a los hombres con los que mantienen una relación de parentesco, es decir, en su rol de madres, esposas, novias o hermanas y se interpreta que su militancia está motivada por un vínculo afectivo o sexual hacia un hombre que participa en la organización armada (Rodríguez, 2013: 156); precisamente, a esto alude el concepto *couple terrorism* (terrorismo de pareja) (Morgan, 2001). Por otro lado, como señala Agra Romero (2012), la violencia que ejercen las mujeres también se asocia frecuentemente con la maternidad.

Desde dicha lógica se diferencian dos tipos de mujeres terroristas: *the nurturing mother* (la madre cuidadora) y *the vengeful mother* (la madre vengativa). La primera actuaría como soporte de la organización, desde la lógica del autosacrificio maternal y desde el deseo de ser útil para la misma. Esta variante se ajusta a las normas patriarcales de la feminidad porque las terroristas realizarían, de acuerdo al papel de madres y de amas de casa, tareas de apoyo. Mientras, la madre vengativa se comportaría de manera impulsiva como consecuencia de una pérdida maternal, lo que las haría más peligrosas que las primeras.

Estos estereotipos niegan la capacidad de agencia de las mujeres porque reducen su militancia a motivos personales e invisibilizan el componente ideológico-político de sus decisiones y acciones violentas (Hamilton, 2007a: 137). Los vínculos familiares y emocionales se omiten en el caso de los hombres, a pesar de que estos pueden ser también determinantes para su enrolamiento en una organización terrorista. Este discurso se reprodujo principalmente en los primeros años de la actividad armada de ETA, en la década de los sesenta y principios de los setenta. Por ejemplo, los medios de comunicación subrayaban continuamente que María Soledad Iparragirre (Anboto) decidió incorporarse a ETA después de que su pareja, José Ariztimuño (Pana), muriese a raíz de un enfrentamiento con la policía en 1981. Así lo expresaba el periodista Matías Antolín en su libro *Mujeres de ETA: piel de serpiente*:

> Desde que murió su novio José Manuel Aristimuño, "Pana", en un enfrentamiento con las fuerzas de seguridad del estado el 29 de marzo de 1981, a Soledad se la tiene por una etarra muy radical y peligrosa, pues juró odio eterno a la Policía y a la Guardia Civil (Antolín, 2002a: 46).

Al igual que Anboto, muchas otras etarras tuvieron una pareja dentro de la organización armada. Sin embargo, ello no significa que estas relaciones surgieran antes de que ellas se incorporaran a ETA ni que fueran su principal motivación. En el panorama internacional, existen otros ejemplos ilustrativos como el de las terroristas chechenas, apodadas Viudas Negras, apodo que invisibiliza las motivaciones radicalmente políticas de muchas de ellas (Nacos, 2005: 440).

MUJER MONSTRUO Y DEPREDADORA SEXUAL

A finales de los setenta y principios de los ochenta, el aumento de la participación de las mujeres en ETA tendió a modificar el imaginario (Hamilton, 2007b: 925). Se produjo una *monstrualización* y una patologización de las mujeres terroristas y se extendió la creencia de que, fruto de "estadios de rabia irracional" (Freedman, 2020: 213), estas eran mucho más crueles, letales y despiadadas que sus compañeros varones. Se consideraba que había algo patológico, malo y monstruoso inherente en ellas que les despojaba de su feminidad y les impulsaba a ejercer la violencia:

> La narrativa del monstruo explica la violencia de las mujeres como una falla biológica que rompe su feminidad. Son catalogadas como "malas", "locas", pues, dada su naturaleza protectora, no pueden matar, son así caracterizadas como monstruos inhumanos y, por tanto, en esta narrativa "no son responsables de sus acciones porque hay algo malo con su condición de mujeres". Los monstruos son patológicos a causa de o bien su enfermedad o de su auto-negación de su condición de mujeres (Agra Romero, 2012: 61).

Se consideraba que ellas eran más inhumanas que sus compañeros porque se daba una doble transgresión: la ocupación de un espacio que en teoría estaba vetado para ellas, el espacio público, y porque llevaban a cabo una actividad que no les correspondía según los estereotipos tradicionales de género. Sin embargo, esta transgresión y patologización no se consideraban tales en el caso de los hombres, como si el ejercicio de la violencia fuese inherente a su naturaleza. Los análisis sexistas solían explicar esta representación monstruosa de las mujeres etarras por la necesidad de demostrar su valía dentro de la organización armada:

> La mayoría de mujeres, cuando entraron en ETA, lo hizo más por aspectos afectivos que ideológicos. Una vez en un comando son más sanguinarias y frías que los hombres porque quieren demostrar lo que valen. Se inician en la banda con muchos prejuicios y se sienten continuamente agraviadas. ¿Qué hacen para superar, como sea, ese latente sentimiento? Generan una respuesta, casi siempre desproporcionada, y que en lo externo se traduce en aparentar más de lo que pueden dar de sí. Lo que significa que están dispuestas al mayor número de atrocidades para demostrar su compromiso y su fortaleza (Antolín, 2002b).

La *monstrualización* de las militantes de ETA tendía a ir acompañada de su cosificación e hipersexualización para dramatizar la tensión entre su apariencia física "femenina" y su capacidad para matar asociada tradicionalmente a la virilidad (Nacos, 2005: 438-439). Los medios de comunicación aludían con frecuencia a sus vestimentas y a sus atributos corporales. Periódicos internacionales como *The Times of London* o *The New York Times* se referían a la etarra Idoia López Riaño —apodada La Tigresa por la prensa— como una mujer con aspecto de estrella de cine mediterránea o como una de las pocas mujeres que conseguía salir bien en una foto policial. Estas imágenes y las representaciones de las mismas responden a uno de los binomios característicos de la diferencia sexual en términos de hombre deseante versus mujer deseada. Para que la lógica subyacente a este binomio funcionase se retrataba a las mujeres terroristas, por un lado, como mujeres fatales que utilizaban su sexualidad para manipular a los hombres (tanto a integrantes de las Fuerzas de Seguridad del Estado como a potenciales militantes de ETA) y, por otro, como seres débiles y violentos dominadas por sus deseos sexuales o por la necesidad de aceptación masculina (Cruise, 2016: 38).

ACTIVIDAD 7

IDOIA LÓPEZ RIAÑO, LA TIGRESA - LA CAMA Y LA PISTOLA

Esta mujer de ETA, nacida en San Sebastián el 18 de marzo de 1964, aunque se crio en Rentería, siempre me produjo miedo y fascinación. Es indomable como una orquídea de acero inoxidable. Derramó mucha sangre y provocó mucho derramamiento de tinta. María Irene Idoia López Riaño se infiltraba como una carcoma entre los "maderos". Se movía entre los hombres como una pantera, se escurría sigilosa entre los policías como una serpiente venenosa, se enredaba como una araña de ojos azules. Mujer coqueta y sensual, es de las que diría que en un cabaret las piernas no se cruzan, se guiñan. Una de sus obsesiones era seducir a los *txakurras* (perro, se usa contra los guardias civiles destinados en Euskadi). Seducirles y acostarse con ellos era su principal desafío. Se dice de "La Tigresa" que cuando los tenía debajo su mayor deseo era "pegar un tiro en la boca a esos cabrones". [...]

En aquella época, Idoia era, ante todo, una esclava de su cuerpo y su cabello. El resto del comando intentaba que no llamara demasiado la atención por la calle, pero sus ojos, espectaculares, los realzaba con unos atractivos y voluminosos peinados y una vestimenta provocadora acorde con su físico, muy sensual. Alguien la convenció para que se pusiera unas lentes de contacto marrones, para alterar un poco su apariencia y pasar desapercibidos. Cada vez que Idoia salía a la calle con su chupa de cuero, sus ceñidos pantalones y sus mil maneras de llamar la atención, arrastraba tras de sí a policías y guardias civiles; no la seguían para detenerla sino para tenerla en sus brazos. Algunos romances mantuvo con miembros de las fuerzas de seguridad del Estado. Jamás contempló la mínima regla disciplinaria dentro de ETA [...]

Su exultante belleza y su sangre fría convirtieron a "La Tigresa" en uno de los personajes más temidos de ETA. Sus armas eran la pistola y la seducción. Un día tuvo un accidente de coche y se ligó a un guardia civil en un cuartel de Intxaurrondo mientras intercambiaban los documentos de sus vehículos. La relación duró varios meses [...].

Fuente: Antolín (2002a: 19-21).

- ¿Qué atributos decide destacar el autor del siguiente texto para representar la figura de Idoia López Riaño y cuestionar su militancia en ETA? Señala algunos ejemplos extraídos directamente de los fragmentos.
- ¿Consideras factible que se usara este mismo tipo de discurso, de imágenes y de lenguaje para caracterizar a un militante varón y cuestionar su opción por la violencia? ¿Por qué?

Si bien estas tres imágenes de las mujeres etarras han sido difundidas por los medios de comunicación, resulta significativo que ni la organización armada ni su entorno político asumieran una actitud combativa frente a ellas como cabría esperarse de quienes supuestamente se consideraban vanguardia de la lucha feminista.

CONCLUSIONES

En Euskadi, las mujeres han desempeñado tres tipos de funciones respecto de la violencia: la de victimarias, la de víctimas directas e indirectas de la organización armada y la de activistas de grupos pacifistas. Este libro se centra solo en la primera de las tres figuras, es decir, examina la participación de las mujeres como miembros y exmiembros de la organización armada, analizando los modos en que las construcciones tradicionales de la masculinidad y de la feminidad han podido influir en su papel y en la interpretación política y mediática del mismo.

En general, la participación de las mujeres en organizaciones terroristas ha tendido a invisibilizarse en los análisis sobre conflictos armados. Una parte significativa de los estudios reproduce estereotipos sexistas que niegan la capacidad de agencia de las mujeres y que contribuyen a reforzar el *status quo* de género. A su vez, la literatura académica feminista ha priorizado la visibilización del carácter androcéntrico de dichos prejuicios y no la deslegitimación explícita de la violencia tanto en hombres como en mujeres. Esta carencia se hace más evidente a la luz de la literatura feminista más reciente que se ha esforzado en desmarcarse de la lógica militarista y del lenguaje que la fomenta para construir su discurso político.

ETA y su entorno social y político apoyaban, en teoría, las reivindicaciones del movimiento feminista y trataban de romper radicalmente con los presupuestos del primer nacionalismo vasco. Sin embargo, adoptaron determinados elementos del esquema tradicional de la complementariedad sexual. Las *etxekoandres* eran las encargadas de proporcionar los cuidados en el seno familiar y de transmitir los valores *abertzales*. En el nacionalismo vasco radical, las mujeres, como "madres patriotas", ayudaron a normalizar y a estimular el uso de la violencia con fines políticos porque inculcaron en sus hijos una conciencia nacional que romantizaba las figuras del "guerrero" y del "héroe mártir" personificadas en el militante de ETA que estaba dispuesto a morir y a matar por la liberación del pueblo vasco. El MLNV, al igual que hizo con otros movimientos de cultura alternativa como el ecologismo o el antimilitarismo, tendió a instrumentalizar las reivindicaciones feministas y a cooptar la capacidad movilizadora de este movimiento poniéndola al servicio de su alternativa global de ruptura. Del mismo modo, ETA, lejos de representar la vanguardia en la lucha por la liberación de las mujeres, se caracterizó por su naturaleza jerárquica y patriarcal, y muchas etarras se enfrentaron a episodios de discriminación y de acoso sexual por parte de sus compañeros. El asesinato de Yoyes evidenció con extrema crudeza una lógica sumamente patriarcal, ya que su ruptura con la organización armada y su discurso profundamente deslegitimador de la violencia fueron interpretados como una traición mayor que la de sus compañeros varones y como una renuncia explícita al rol de "madre patriota" que la izquierda *abertzale* continuaba reservando a las mujeres.

Las mujeres fueron una minoría de la militancia de ETA y tuvieron un acceso todavía menor a puestos de liderazgo en la organización armada. Los bajos niveles de militancia femenina fueron fruto de una socialización diferencial que concibe a las mujeres como seres dadores de vida y que restringe a los hombres el ejercicio de la violencia, como expresión máxima de la virilidad. En consecuencia, cuando las mujeres decidieron ingresar en la banda terrorista, se creía que se limitaban a efectuar tareas de apoyo y que lo hacían guiadas por motivos personales —venganza emocional o amor a un militante— o por algún tipo de psicopatología que las convertía en activistas más sanguinarias y letales que sus compañeros. Estos discursos estereotipados, mientras invisibilizaban la capacidad de agencia de las mujeres terroristas, tendían a naturalizar el ejercicio de la violencia en los hombres y a ocultar que tanto los hombres como las mujeres que decidieron militar en ETA lo hicieron motivadas por su fanatismo ideológico-político.

No existe una naturaleza masculina más predispuesta a la violencia que la femenina, sino que su mayor participación en actos de violencia es una construcción social y cultural fruto de la socialización. Aumentar la participación de las mujeres en los ejércitos o en las organizaciones armadas no significa de ninguna manera alterar su estructura de género coercitiva, jerárquica y patriarcal. Por mucho que se revista de una épica liberadora, el uso de la violencia no es un método empoderador, sino que es éticamente injusto y retroalimenta círculos viciosos de sufrimiento y barbarie. Además, sostiene asimetrías de poder que refuerzan los peores atributos de la masculinidad hegemónica y dificulta, cuando no imposibilita, el surgimiento de masculinidades alternativas. En el extremo opuesto, esencializar la asociación entre mujeres y paz solo contribuye a reforzar los estereotipos sexistas y un dualismo identitario entre varones ("seres guerreros") y mujeres ("madres morales") que obstaculiza la reconstrucción de identidades masculinas y femeninas y su funcionamiento contrahegemónico para desnormalizar y deslegitimar la violencia.

BIBLIOGRAFÍA

Agra Romero, María Xoxé (2012): "Con armas, como armas: la violencia de las mujeres", *Isegoría*, 46, pp. 49-74.

Alexiévich, Svetlana (2017): *La guerra no tiene rostro de mujeres*, Barcelona, Penguin Random House.

Antolín, Matías (2002a): *Mujeres de ETA: Piel de serpiente*, Madrid, Temas de Hoy.

— (2002b): "Cuatro mujeres sin piedad", *El Mundo*, 10 de febrero. Disponible en https://bitly.ws/3fXbR.

Aramburu, Fernando (2016): *Patria*, Barcelona, Tusquets.

— (2023): *Hijos de la fábula*, Barcelona, Tusquets.

Aresti, Nerea (2014): "De heroínas viriles a madres de la Patria. Las mujeres y el nacionalismo vasco (1893-1937), *Historia y Política*, 31, pp. 281-208.

Aretxaga, Begoña (1988): *Los funerales en el nacionalismo vasco radical: ensayo antropológico*, Donostia-San Sebastián, Baroja.

Arizabaleta, Zumaia (2019): "Verdades poliédricas: de víctimas a supervivientes a través de la desbinarización del discurso en el caso del conflicto vasco", trabajo fin de máster, Universidad de Granada. Disponible en https://bitly.ws/3fXez.

Badinter, Elisabeth (1993): *XY La identidad masculina*. Madrid, Alianza Editorial.

BBC (2014): "El grupo rebelde en el que el 40% de los combatientes son mujeres", *BBC News*. Disponible en https://bitly.ws/3fXeX.

Beriain, Josetxo y Fernández, Roger (1999): *La cuestión vasca. Claves de un conflicto cultural y político*, Barcelona, Proyecto A.

Bermúdez, Ángela; Sáez de la Fuente, Izaskun y Bilbao, Galo (2020): *Contribuciones de la educación histórica a la deslegitimación de la violencia de motivación política*, Bilbao, Universidad de Deusto.

Bloom, Gia; Gill, Paul y Horgan, John (2012): "Tiocfaidh ár Maná: Women in the Provisional Irish Republican Army", *Behavioral Sciences of Terrorism and Political Aggression*, 4(1), pp. 60-76.

Castellanos, Gabriela; Rodríguez, Alba Nubia y Bermúdez, Norma Lucía (2001): "Mujeres y conflicto armado: representaciones, prácticas sociales y propuestas para la negociación", en Castellanos, Gabriela y Accorsi, Simona (comps.), *Sujetos femeninos y masculinos*, Cali, La Manzana de la Discordia.

Connell, Robert W. (2003): "La organización social de la masculinidad", *Biblioteca Virtual de Ciencias Sociales* ["The Social Organization of Masculinity", *Masculinities*, Berkeley, University of California Press, 1995].

Cruise, Rebecca S. (2016): "Enough with the Stereotypes: Representations of Women in Terrorist Organizations", *Social Science Quarterly*, 97(1), pp. 33-43.

Del Valle, Teresa (1985): *Mujer Vasca, imagen y realidad*, Barcelona, Anthropos.
El Mundo (2017): "Ex presas de ETA que fueron madres en la cárcel piden la libertad de Sara Majarenas", *El Mundo*, 27 de enero. Disponible en https://bitly.ws/3fXgb.
Etxebarrieta, Oihana y Rodríguez, Zuriñe (2016): *Borroka armatua eta kartzela*, Zarautz, Lisipe.
Freedman, Jane (2020): "La violencia femenina en los conflictos armados y la (no)reacción de los organismos internacionales", *Etnografías Contemporáneas*, 6(10), pp. 210-223.
Forján, Cristóbal (2021): "El proceso de captación en la organización terrorista ETA", *Revista Logos Ciencia & Tecnología*, 13(2), pp. 134-147.
Gago, Egoitz y Ríos, Jerónimo (2021): *La lucha hablada: conversaciones con ETA*, Madrid, Altamarea.
Garmendia Lasa, Elixabete; González Katarain, Glori; González Katarain, Ana; Garmendia Lasa, Juli y Dorronsoro, Juanjo (2020): *Yoyes. Desde su ventana*, Zarautz, Alberdania.
Garrido, Anabel (2021): "Análisis de género en los conflictos armados. Una mirada sociológica", *Estudios Políticos*, 62, pp. 80-104.
Gil de San Vicente, Iñaki (2005): "Evolución y enmarque de la liberación sexual en la lucha de liberación vasca", *Rebelión*. Disponible en https://bitly.ws/3fXhc.
Gisaola, Carmen (2012): *Gaur Zortzi*, Zarautz, Alberdania.
Gómez Moral, Ana Rosa (2013): *Un gesto que hizo sonar el silencio*, Coordinadora Gesto por la Paz Euskal Herria.
González-Allende, Iker (2023): "El mito del gudari: La masculinidad del soldado vasco en Euzkadi en llamas, de Ramón Balaustegigoitia", en Gil, Carmen y Zabala, José Ramón, *Los mitos del exilio 1936-1939*, Donostia-San Sebastián, Hamaika Bide Elkartea.
Hamilton, Carrie (1998): "Género y nacionalismo: una nueva área de estudio", *Inguruak*, 22, pp. 163-174.
— (2000): "Re-membering the Basque nationalist family: Daughters, fathers and the reproduction of the radical nationalist community", *Journal of Spanish Cultural Studies*, 1(2), pp. 153-171.
— (2007a): "The gender politics of political violence: women armed activists in ETA", *Feminist review*, 86, pp. 132-148.
— (2007b): "Political Violence and Body Language in Life Stories of Women ETA Activists", *Journal of Women in Culture and Society*, 32(4), pp. 911-932.
Hernández, Jone M.; Esteban, Mari Luz y Bullen, Margaret (2018): "El feminismo como estímulo y sustento de la antropología vasca: 30 años de una fructífera relación", en Esteban, Mai Luz y Hernández, Jone M., *Etnografías feministas: una mirada al siglo XXI desde la antropología vasca*, Barcelona, Bellaterra, pp. 13-37.
Lorenzo, Claudia Rebeca (2014): "Relatos y contra-relatos en torno al mito de Mari", *AusArt*, 2(1), pp. 295-313.
Lozano, Alberto (2016): "Mujeres de ETA: lectura de sus representaciones en el discurso", *Cuestiones de género: de la igualdad y la diferencia*, 11, pp. 37-55.
Martínez, Fernando (2018): "La muerte por la Patria en el nacionalismo vasco: una indagación desde el sujeto", *Historia contemporánea*, 56, pp. 187-220.
Malvern, Sue (2013): "Femininity, feminism and the terrorist", en Malvern, S. y Koureas, G. (eds.), *Terrorist Transgressions. Gendered representations of the terrorist in visual culture*, Londres, I B Tauris, y Nueva York, pp. 39-55.
Morgan, Robin (2001): *The Demon Lover: The Roots of Terrorim*, Londres, Piatkus.
Nacos, Brigitte L. (2005): "The Portrayal of Female Terrorists in the Media: Similar Framing Patterns in the New Coverage of Women in Politics and Terrorism, *Studies in Conflict & Terrorism*, 28(5), pp. 435-451.
Pando, María Jesús y Rodríguez, María Pilar (2020): "Las mujeres de ETA: Activismo y Transgresión", *Arbor*, 196(796), pp. 1-10.
Reinares, Fernando (2004): "Who Are the Terrorists? Analyzing Changes in Sociological Profile among Members of ETA", *Studies in Conflict and Terrorism*, 27(6), pp. 465-488.
Rodríguez, Zuriñe (2013): "Las mujeres de ETA en la prensa escrita", *Mediatika*, 14, pp. 151-167.
— (2017): "Motivaciones, ingreso y experiencias participativas de las mujeres en ETA", *Política y Sociedad*, 54(2), pp. 421-441.

Rubio, José Antonio (2003): "La imagen de la mujer en el movimiento nacionalista vasco", *La realidad desnuda: Las mujeres y la fotografía*, segunda sesión, 28 de marzo, Universidad Complutense de Madrid.

Sáez de la Fuente Aldama, Izaskun (2002): *El movimiento de liberación vasco, una religión de sustitución*, Bilbao, Instituto Diocesano de Teología y Pastoral.

Segato, Rita (2016): *La guerra contra las mujeres*, Madrid, Traficantes de Sueños.

UNODC (2019): "Estudio Mundial sobre el Homicidio", Viena, Oficina de las Naciones Unidas contra la Droga y el Delito.

Unzueta, Umberto (2016): *Nanclares. Vis a Vis. Cara a Cara con la disidencia de ETA*, San Sebastián, Erein Argitaletxea.

Yoyesen Lagunak (eds.) (1996): *Yoyes, 1986-1996*, San Sebastián.

Deusto
Centro de Ética Aplicada
Etika Aplikatuko Zentroa

IZASKUN SÁEZ DE LA FUENTE ALDAMA

Deustuko Unibertsitateko Etika Aplikatuko Zentroko ikertzailea eta irakaslea da. Zientzia Politikoetako eta Soziologiako doktoregoa (Zientzia Politikoetako espezialitatean) lortu zuen Euskal Herriko Unibertsitatean 2001ean. *El Movimiento de Liberación Nacional Vasco, una religión de sustitución* (2002) izenburuko tesia eginda. Gatazkei eta Bake Kulturei buruzko ikerrildoan, Euskadiko motibazio politikoko indarkeriari lotutako prozesu sozial, politiko eta kulturalak aztertzen ditu, motibazio etiko-politiko argiarekin, biktimei leku nagusia emanez. 2018an sortu zenetik, Euskadiko Memoriaren, Historiari buruzko Hezkuntzaren eta Bakearen Eraikuntzaren inguruko Ikaskuntza Komunitatean parte hartzen du. Aurretik, Memoria, etika eta justizia: ETAren estortsioa eta indarkeria enpresa munduaren aurka (2012-2016) diziplinarteko proiektua zuzendu zuen. Proiektu horrek DU-Banco Santander Ikerketa Sariaren Akzesita lortu zuen (2017), eta agenda publikoan jarri du ETAren indarkeriaren barruan bereziki ikusgaitza izan den dimentsio bat.

Research ID: Web of Knowledge: R-1052-2018/ orcid.org/0000-0001-9099-2653

AYALA MAQUEDA ALDASORO

Giza Eskubideetan doktorea da, Giza Eskubideak: Erronka Etiko, Sozial eta Politikoak doktorego programan, *Kontu emate soziala eta generoa Euskal Autonomia Erkidegoan: Emakunderen eta emakumeen mugimendu eta mugimendu feministaren arteko elkarrekintza esperientzien ebaluazioa* tesiarekin. Giza Zientzietan lizentziaduna da (Filosofia eta Erlijioen Historian aipamena) eta Eraikuntza Sozialerako Etika Masterreko tituluduna. Bere ikerketa-lanak kontu emate sozialan genero ikuspegitik eta berdintasun erakundeen eta emakumeen mugimendu eta mugimendu feministaren arteko elkarrekintzetan oinarritu dira.

Izaskun Sáez de la Fuente Aldama
eta Ayala Maqueda Aldasoro

Patriarkatua eta motibazio politikoko indarkeriaren legitimazioa Euskadin

Izaskun Sáez de la Fuente eta Ángela Bermúdez
(bildumaren editoreak)

Itzulpena Sara Muniozguren, Itzulpen
eta Hizkuntza Laguntzako Zerbitzua – Deustuko Unibertsitatea

EUSKADIKO GATAZKAREN ETA INDARKERIAREN MEMORIA ETA HISTORIA BILDUMA.

BILDUMA HAU EUSKO JAURLARITZAK ETA DEUSTUKO UNIBERTSITATEAK BIZIKIDETZA, GIZA ESKUBIDE ETA ANIZTASUNAREN PLANA (2021-2024) GARATZEKO SINATUTAKO HITZARMENAREN BABESPEAN EGIN DA.

AZALAREN DISEINUA: MIKEL LAS HERAS

ITZULTZAILEA: SARA MUNIOZGUREN, ITZULPEN ETA HIZKUNTZA LAGUNTZAKO ZERBITZUA – DEUSTUKO UNIBERTSITATEA

PATRIARKATUA ETA MOTIBAZIO POLITIKOKO INDARKERIAREN LEGITIMAZIOA EUSKADIN

ISBN: 978-84-1352-979-0
DEPÓSITO LEGAL: M-11.284-2024
THEMA: 1DSE-ES-R/GTU/JBSF11

INPRIMATZAILEA: ARTES GRÁFICAS COYVE S.L.

AURKIBIDEA

BILDUMARI BURUZ 7

SARRERA 9

1. GENEROAREN ETA INDARKERIAREN ARTEKO LOTURAK 13

2. GENEROA, FEMINISMOA ETA EUSKAL NAZIONALISMO ERRADIKALA. ANBIBALENTZIAK ETA KONTRAESANAK 19

- Euskal matriarkatuaren mitoa 19
- Borroka feministaren instrumentalizazioa 21
- Gizon gudarien eta emakume zaintzaile abertzaleen iruditeria tradizionala 24

3. GENEROA ETA INDARKERIA EUSKADIN: EMAKUMEZKO BIKTIMARIOAK 29

- Profilaren pisu espezifikoa eta oinarrizko ezaugarriak 29
- Emakumeek ETAn sartzeko zituzten motibazioak eta zailtasunak 31
- Genero asimetriak erakunde armatuaren barruan 34
- Yoyes, disidentziaren madarikazioa 38
- Emakume etakideei buruzko diskurtsoak eta irudikapenak komunikabideetan 43

ONDORIOAK 51

BIBLIOGRAFIA 55

BILDUMARI BURUZ

ETAk behin betiko su-etena iragarri zuenetik hamarkada bat igarota, Euskadiko gazteek —indarkeria pairatu ez duen lehen belaunaldia— adierazi dute espazio seguru gutxi dituztela gaiari buruz galdetzeko, hitz egiteko eta eztabaidatzeko.

Liburu bilduma honek azken hamarkadetan Euskadin bizi izan den gatazkaren eta indarkeriaren historiaren ulermen kritikoa sustatu nahi du belaunaldi berriengan. Batez ere gazteei eta gai horiei buruzko interesa duten herritarrei zuzenduta dago, baina baita irakaslanean edo irakaslanerako prestatzen ari direnei eta hainbat erakunde publiko eta pribatutatik giza eskubideen errespetua sustatu eta bakea eta bizikidetza landu nahi duten pertsonei ere.

Proiektu hau Euskadiko Memoriaren, Historiari buruzko Hezkuntzaren eta Bakearen Eraikuntzaren inguruko Ikaskuntza Komunitatearena da. Ikaskuntza komunitate hori Deustuko Unibertsitateko Etika Aplikatuko Zentroaren ekimenez sortu zen 2018an eta, harrezkero, Euskadiren indarkeriazko iraganari buruzko diziplinarteko eta belaunaldien arteko elkarrizketa eta hausnarketa ahalbidetzeko gune bat da. Lehen lan fasean (2019-2021), profil ideologiko desberdinetako gazteek Euskadin bizi izandako motibazio politikoko indarkeriari buruz zer galdera eta gogoeta dituzten ikertu zuen. Behin eta berriz adierazi zuten hainbat galdera sortzen zaizkiela, baina ez dutela non planteatu galdera horiek, eta gogoetak ere badituztela, baina ezin dituztela beste pertsona

batzuekin kontrastatu. "Jarauntsitako eta autoinposatutako isiltasuna" ren pisua sentitzen dute familian, koadriletan, eskolan eta komunitatean.

Bada uste zabaldu bat isiltasun horri irauten lagundu diona: bakea eta bizikidetza sustatzeko, hobe dela orria pasatzea, iragana ahaztea eta etorkizunera bakarrik begiratzea. Baina etorkizuna ezin da eraiki iraganari bizkarra emanda. Horregatik, oraingo lan fasean, Ikaskuntza Komunitateak hainbat aditu bildu ditu bilduma honen ekoizpenean laguntzeko: gaian adituak diren historialariak, indarkeriaren analisi etikoan adituak diren filosofo eta gizarte zientzialariak eta historiari buruzko hezkuntzan adituak diren pedagogoak.

Bildumako liburu bakoitzak gai historiko edo etiko batean sakontzen du. Hautatu diren gaiak bereziki garrantzitsuak dira gazteek euskal gatazkaren eta indarkeriaren historiari buruz dituzten kontakizunei modu kritikoan heltzeko. Estrategia pedagogiko narratiboa erabiliz, Peneloperen bideari jarraitzea proposatzen da: iragan odoltsu eta mingarri baten memoria sozialaren ehuna tentuz desegitea eta kontzientziaz berriz ehuntzea. Bide horretan, indarkeria justifikatzeko balio duten mito, partzialkeria eta gain-sinplifikazioak ikusaraztea eta kritikoki arakatzea izango da abiapuntua dinamika bikoitza aurrera eramateko: *memoria historizatzea* eta *historia memorializatzea*. Horren bidez, hiru helburu bete nahi dira: pertsonek fenomeno historikoen konplexutasunaren ulermen hobea izatea, iragana biktimen esperientzian hezurmamitzea, eta, horrela, historiak indarkeria desnormalizatzeko eta deslegitimatzeko duen ahalmena aktibatzea.

SARRERA

Bildumak motibazio politikoko indarkeriaren deslegitimazioa sustatzea du helburu eta liburu honek indarkeria horren dimentsio batean sakondu nahi du zehazki: generoaren eta indarkeriaren arteko harremanetan, iritzi publikoak zein akademiak apenas erreparatu baitiote lotura horri. Tradizionalki, indarkeriazko gatazka politikoei buruzko analisiek, gizonezkoek eta emakumezkoek bete duten rol desberdina aztertu dutenetan, bi ikuspegitatik heldu diote gaiari: paradigma androzentrikoetatik, zeinek aurreiritzi sexistak errepikatzeko joera duten, edo planteamendu feministetatik, zeinak aurreiritzi sexista horiek deuseztatzen saiatzen diren. Batzuen eta besteen berariazko asmoa ez da izan, ordea, indarkeriaren erabilera desnormalizatu edo deslegitimatzea. Generoari buruzko azterlanetan, gogoeta eta salaketa ugari ageri dira emakumeak, eta bereziki haien gorputzak, gerrako arma gisa erabiltzeaz edo emakumeek bakegintzan duten eginkizun aktiboaz. Azken hamarkadetan, erakunde armatuetako emakumeei buruzko ikerketa feministak ugaritu dira eta genero arrakalak izan dituzte aztergai, erakunde armatuen existentzia bera eta halako erakundeak elikatzen dituen substratu patriarkala zalantzan jarri gabe.

Horren guztiaren konplexutasuna erakusteko eta gure errealitate hurbilenera ekartzeko asmoz, generoaren eta indarkeriaren arteko harremanei buruzko azterketa kritiko orokor batekin ekingo diogu gure gogoetari. Gizonen eta emakumeen sozializazio

prozesu desberdinen ondorioz, gizonezkoak prestago eta sozialki legitimatuago daude indarkeriazko baliabideak erabiltzeko, emakumezkoak baino. Ondoren, euskal kasuari erreparatuko diogu. Horretarako, feminismoaren eta euskal nazionalismo erradikalaren arteko loturetan aurkitzen diren paradoxa eta kontraesan batzuk aztertuko ditugu, adibidez, Euskadi Ta Askatasuna (ETA) eta bere ingurune politikoa abangoardiatzat hartzea gizonen eta emakumeen arteko berdintasunaren aldeko borrokan. Horren ostean, emakumeek indarkerian duten rolean sakonduko dugu, ezen, oso garrantzitsua izanik, sarritan gutxietsi edo, are, ezkutatu egin baita.

Historikoki, emakumeak ETAko kideen eta zuzeneko biktimen ehuneko txiki bat izan dira. Baina ez biktimen senideen artean. Trantsizioaren "berunezko urteetan" eta demokraziaren lehen hamarkadetan, euskal gizartean, gizarte patriarkala izaki, gizonek presentzia handia zuten lanean, ekonomian eta politikan. Emakumeek, aldiz, zaintza eta hazkuntza eginkizun tradizionala alde batera utzi gabe, egin ahalak egiten zituzten hezkuntzan eta lan merkatuan aurrera egiteko. Horregatik aipatzen ziren behin eta berriz hildako gizonen alargunak, arrebak, amak edo alabak, edo "albo-kalteak". Biktima edo biktimaren senide izaeratik, emakumeek lidergoa hartu eta beren eskubideak defendatzeko erakundeak sortu dituzte, eta, biktimak izan zein ez izan, rol nabarmena izan dute erakunde bakezaleetan.

Euskadin, emakumeen indarkeriarekiko erlazioak hiru aurpegi horiek dituen arren, gure analisiak, indarkeria desnormalizatzeko eta deslegitimatzeko xedearen barruan, erakunde armatuko kide eta kide ohi gisa indarkeria erabili zuten emakumeak ditu gogoetagai. Izan ere, haien esperientzia, prozesu eta ikuspuntuetan ikus daitezke argien ETA gizonen eta emakumeen arteko berdintasunaren aldeko borrokarekin lotzen duen mitoaren distortsio nagusietako batzuk. Bilduma bereko beste bi liburukitan modu monografikoan landuko ditugu beste bi figurak: beren eskubideen alde borrokatzen diren emakume biktimena, eta bakegintzan diharduten emakume ekintzaileena. Zehazki, lan honetan emakume etakideei buruzko alderdi hauek aurkeztuko ditugu:

haien profilaren ezaugarri esanguratsuenak, erakunde armatuan sartzera bultzatu zituzten arrazoi nagusietako batzuk, bertan sartzeko aurkitu zituzten oztopoak eta barruan bizi izan zituzten genero desberdintasunak. Ondoren, María Dolores González Kataraini (Yoyes) buruzko gogoeta kritikoa egingo dugu, bi arrazoirengatik egin ere: a) erakunde armatuko buruzagitzara iritsita, berehala indarkeriaren diskurtso erabat desnormalizatzaile eta deslegitimatzailearekin aldendu zen emakume bat ikusarazteko; eta b) ETAk exekutatutako eta haren ingurune politiko eta sozialak txalotutako heriotza epai hartan genero aurreiritziek nola funtzionatu zuten erakusteko. Azkenik, sakon aztertuko dugu nola lotu diren hedabideetan ETAko ekintzaileak talde armatuetako emakumeen irudi estereotipatuekin.

1. GENEROAREN ETA INDARKERIAREN ARTEKO LOTURAK

Gizonek egiten dituzte indarkeriazko ekintza gehienak, dela beste gizon batzuen aurka, dela emakumeen aurka, dela beren buruaren aurka (UNODC, 2019). Egiaztapen estatistiko hori ez da ez biologiaren eta ez zoriaren emaitza. Genero aurreiritziz eta estereotipoz beteriko sozializazio eredu patriarkalaren emaitza da. Eredu horren arabera, identitate maskulino eta femenino erabat kontrajarriak eraikitzen dira. Hala izanik, modu osagarrian jokatzen dute eta lanaren sexu banaketaren logika elikatzen dute: batetik, arlo publiko-politiko-maskulinoa eta, bestetik, arlo pribatu-etxeko-femeninoa, zaintzaren inguruan egituratua.

Ez dago eta inoiz ez da egon maskulinitate bakar bat, ezta feminitatearen bertsio monolitikorik ere. Robert Connellek (2003) lau maskulinitate mota bereizten ditu, prozesu eta fluxu gisa ulertuta, eta ez mota garbi eta finko gisa: hegemonikoa, mendekoa, konplizea eta marjinatua. Lehenengoa "patriarkatuaren legitimitatearen arazoari eman ohi zaion erantzuna da, gizonen nagusitasunezko posizioa eta emakumeen mendekotasuna bermatzen duena (edo bermatzeko hartzen dena) [...] Aginpidera jotzea da, zuzeneko indarkeriara jotzea baino gehiago, hegemoniaren edo nagusigoaren marka (nahiz eta sarritan indarkeria egon aginpidearen azpian hari eusten) [...]" (2003: 12). Identitate eredu horren ezaugarri nagusietako batzuk arrakasta, lidergoa, segurtasuna, agresibitatea, ausardia, misoginia, indarra eta indarkeria erabiltzeko joera

dira. Hortaz, identitate hori gorpuzten duten gizonak izaki aktiboak izaten dira, arriskua maite duten subjektu politiko gogorrak, hipersexualak, beren emozioak kudeatzeaz arduratzen ez direnak, eta joera izaten dute haserrea, gorrotoa eta mendekua adierazteko, baina ez besteekiko enpatiarik ez errukirik erakusteko.

Eredu horren barruan, menderatze eta mendekotasun harremanak daude gizonezko taldeen artean. Esaterako, gizonezko homosexualak heterosexualen mende daude, posizio hierarkiko beherena baitute gizonezkoen genero eskalan. Bestalde, gizon askok ez dituzte maskulinotasun hegemonikoaren arauzko irizpide guztiak betetzen, baina, zentzu batean edo bestean, gizon horietako asko "dibidendu patriarkala"ren onuradun dira eta ereduarekiko konplizitatea dute maila handiagoan edo txikiagoan (*maskulinitate konplizea*). Azkenik, maskulinitate marjinatuetan argi ikusten da arrazak eta klaseak nola eragiten duten asimetria eta mendekotasuna gizonen arteko harremanetan; izan ere, goitik beherako tanta jarioaren teoriak ez du funtzionatzen: "[...] Estatu Batuetan, atleta beltz batzuk eredugarriak izan daitezke maskulinitate hegemonikorako. Baina banako izarren ospeak eta aberastasunak ez du jario efekturik, eta ez die aginpide sozialik ematen gizon beltzei oro har" (Connell, 2003: 14).

Ondorioz, identitate maskulino hegemonikoa menderakuntzaren eta boterearen bidez eskuratzen eta erreproduzitzen da —ez bakarrik emakumeekikoa, baita beste kolektibo batzuekikoa ere: zuriak *versus* beste arrazetakoak; gazteak *versus* adinekoak, eta abar—, eta gizonezko izateko beste edozein modu mespretxatzen du —sarritan erabat debekatu ere bai—, halakoak emakumezkoei, haurrei edo homosexualei bakar-bakarrik dagozkielakoan (Badinter, 1993).

Indarkeriazko gatazketan eta, bereziki, gerretan adierazten da maskulinotasun hegemonikoa modurik muturrekoenean, bi irudiren bidez: "gudaria", ohorea, abertzaletasuna, erantzukizuna eta antzeko balioak gorpuzten dituena, eta "heroi-martiria", hiltzeko prest dagoena, eta sarritan esaten ez bada ere, erailtzeko prest ere egon behar duena ezinbestean. Epika erromantikoz inguratuta hedatzen dira, ez komunikabideen bidez bakarrik, baita

literaturaren, filmen eta espazio publikoan eta museoetan erakusten diren beste kultur ekoizpen batzuen bidez ere (eskulturak, pinturak, "pistolaria" omentzen duten kaleko horma irudiak eta ikonografiak, etab.). Maskulinotasuna eta indarkeria lotzen dituzten irudikapen horiek sinesmenaren etika dute euskarri ("...-ren izenean hilko duzu"), eta ez erantzukizunaren etika ("ez duzu ezeren ez inoren izenean hilko") (Beriain eta Fernández, 1999: 81-82). Antzeko zerbait gertatzen da historia irakasteko oraindik nagusi diren modu tradizionalekin, memoria kolektiboa elikatzen dute, identitate kolektiboa indartzeko, eta horrek asko zailtzen du, eragotzi ere bai, indarkeriaren desnormalizazioa eta deslegitimazioa eragingo duen edozein gogoeta kritiko egitea (Bermúdez, Sáez de la Fuente eta Bilbao, 2020: 43-45).

ARIKETA 1

- Arakatu heroi-martiri bihurtutako gudariaren presentzia historiako liburuetan, museoetan, artelanetan, filmetan, kaleko horma irudietan, etab. Aukeratu adibide zehatz pare bat. Saiatu azaltzen kontakizun eta irudi horiek zer balio, printzipio eta abar transmititzen dituzten. Zer gogoeta eta emozio eragiten dizkizute?
- *Jaka metalikoa* (1987) edo *Berririk ez frontetik* (2022) filmak ikusi ondoren, hausnartu kontakizun edo irudi horiek zer neurritan sortzen dizuten erakarpena edo arbuioa. Film hauek gerlaria irudikatzen duten beste batzuekin kontrastatu ditzakezu?

Gizonek indarkeria erabiltzeko gaitasuna, joera eta gizartearen zilegitasuna omen dute; emakumeek, berriz, zaintza lanak egiteko joera handiagoa omen dute, eta alderdi hori oso lotuta omen dago haien ugalkortasunarekin eta, beraz, amatasunarekin, hau da, bizitza sortzeko eta mantentzeko ahalmen biologikoarekin. Halako identitateak beti eskatzen du emakumeak altruistak, otzanak, ulerkorrak, delikatuak, kalteberak, sentiberak, sakrifikatuak eta maitekorrak izatea. Terrorismoa gizarte ordena urratzen duen ekintza bat bada, emakume terroristak bi aldiz dira urratzaileak, genero alderdiak ere urratzen dituztelako, beren burua emakume gisa ukatuz, edo, bestela esanda, bizitza sortzeko eta hazteko duten

ahalmena ukatuz (Malvern, 2013). Horregatik, emakume etakideei buruzko hedabideetako diskurtso eta irudikapenetan argi ikusiko dugunez, emakumeen indarkeria gizonena baino txarragotzat jotzen da (*terrorista munstroa*) eta, askotan, sexualizatu egiten da (*terrorista puta eta sexualki promiskuoa*).

Historian zehar, hainbat emakume izan dira armadetako eta *estatus quo*aren aurka matxinatu diren erakundeetako partaide. Svetlana Alexiévich (2017) literaturako nobel saridunak gogorarazten digunez:

> K.a. IV. mendean, Atenasen eta Espartan, emakumeek Greziako gerretan parte hartzen zuten. Ondorengo garaietan, Alexandro Handiaren tropetako partaide ere izan ziren. [...] 626. urtean, Konstantinoplako setioan, greziarrek emakumeen gorpu asko aurkitu zituzten borrokan eroritako eslaviarren artean. Gainera, amek, seme-alabak heztean, beti prestatzen zituzten gerlari izateko [...] Mendearen hasieran [XX], Lehen Mundu Gerran, Ingalaterran, emakumeak Errege Aire Armadan onartu zituzten, orduan Emakumezkoen Laguntzaile Taldea eta Emakumezkoen Garraio Atala osatu zituzten; guztira, ehun mila soldadu [...] Baina Bigarren Mundu Gerran ikusi zuen munduak emakumezkoen benetako fenomenoa. Emakumeek hainbat herrialdetako Indar Armatuetan zerbitzatu zuten: Ingalaterrako Armadan (berrehun eta hogeita bost mila), Estatu Batuetakoan (laurehun mila eta bostehun mila artean), Alemaniakoan (bostehun mila)... Sobietar armadan milioi bat emakume inguru egon ziren. Espezialitate militar guztiak menderatzen zituzten, baita "maskulinoenak" ere [...] (Alexievitx, 2017: 9 eta 10).

Kulturalki gizonezkotzat definitutako indarkeriazko ekintzak egiten dituzten emakumeak egoteak "ez dakar heroi-martiriaren eredua hain maskulinoa ez izatea", baizik eta emakume horiek zalantzan jartzea, ikusezin bihurtzea edo aurreiritzi erabat patriarkaletatik "salbuespen" gisa tratatzea (Agra Romero, 2012). Gainera, askotan, emakumeek indarkeria alde batera utzi eta birgizarteratzea erabakitzen dutenean, gizarte bazterketa bikoitzari aurre egin behar izaten diote, ekintzaile edo borrokalari ohiak

direlako, batetik, eta "emakume normalen" ezaugarri omen diren arauak urratu dituztelako, bestetik (Castellanos, Rodríguez eta Bermúdez, 2001: 177-178).

Emakumeak, armak hartu zein ez, gizonezko borrokalarien lehentasunezko helburu dira, beren jabetzakoak direla uste baitute, eta abusuak eta bortxaketak pairatzen dituzte, bai beren erakunde armatuen —eta armaden— barruan, bai talde "etsaien" aldetik. Talde etsaietako emakumeen aurkako indarkerian badira bi faktore lotura estua dutenak: a) helburua kontrako bandoaren maskulinotasuna, hots, gizontasuna kaltetzea da, eta b) emakumeen gorputza komunitatearen garbitasun etnikoaren sinboloa da, hortaz, emakumeen aurkako bortxaketa sistematikoak, prostituzioak eta behartutako haurdunaldiak garbiketa etnikorako mekanismo dira. Azken horri *feminigenozidio* deitzen dio Rita Segatok (2016), argi uzteko krimen horiek botere politiko eta ekonomikoarekin zerikusia dutela eta ez dutela motibazio sexuala soilik.

ARIKETA 2

Amnesty Internationalen kanpainari buruzko gogoeta: "Emakumeek ezin dute ahaztu: Guk ere ez dugu ahaztu behar".

- Irakurri lekukotasun hau:

Elmak bizi-bizi gogoratzen du auzokoak etxera joan zitzaizkion eguna. Ahaztu nahi luke egun hura. 1992an izan zen, eta Bosniako gerra lehen etapetan zegoen. Elmak 20 urte pasatxo zituen, ezkonberria zen eta lau hilabeteko haurdun zegoen. "Gizonak gure auzokoak ziren", esan dit. "Aita eta neba txikia eramaten ikusi nituen. Basatiki hil zituzten eta gorpuak kanpoan utzi zituzten, etxe ondoan. Gure aita zaharra eta ahula zen". Izuaren hasiera besterik ez zen izan. Elma "bortxaketa eremura" esaten zioten lekura eraman zuten, eta han egunero bortxatu zuten lehen lerroko misioetatik bueltan zetozen talde paramilitarrek. "Jo eta bortxatu egiten ninduten, ni eta beste gazte batzuk, askotan taldean", gehitu du. "Buru-estalkia zeukaten jantzita eta galdetzen zidaten ea igar nezakeen zein zegoen nire gainean". Indarkeriaren ondorioz, haurra galdu zuen eta bizkarrezurrean lesioak hartu zituen; ez da sekula sendatu. Mende laurden geroago, gobernuak eta baita bere komunitateak ere ahaztu eta abandonatu dutela sentitzen du [...]

Bosnia eta Herzegovinako gerra garaian sexu indarkeriatik bizirik atera ziren milaka pertsonetako bat da Elma. Gatazkak iraun zuen hiru urteetan, gutxienez 20.000 emakumek eta neskak sufritu zituzten bortxaketak edo abusuak. Askok senideak nola torturatzen eta hiltzen zituzten ikusi zuten, eta batzuek, gaur egun ere, kontzentrazio esparruetara eraman eta inoiz itzuli ez ziren senideen gorpuzkien bila jarraitzen dute. Krimen haien ondorio suntsitzaileak eta kendu ezinezko trauma psikologikoa jasaten dituzte. Hainbat oztopok lege ordaina eta behar duten laguntza jasotzea eragozten diete.

- Bazenuen Balkanetako gerran gertatu zen sexu indarkeriaren berri? Eta beste kasu batzuena?
- Zer lotura ikusten duzu maskulinitatearen, gizontasunaren, indarkeriaren eta bortxaketaren artean, irakurri duzun lekukotasunean oinarrituta?
- Gogoetarako osagarri gisa, *Samaren sekretua* (2006) filma ikustea gomendatzen da.

Hala ere, atzo eta gaur, emakumeek biktimizazio zirkuluetatik ateratzeko gaitasuna erakutsi dute, biziraule erresistente bihurtzekoa eta beren eskubideen alde eta indarkeriaren deslegitimazioa lortzeko bakarka eta taldean borrokatzekoa, zaintzaren funtsezko izaera agerian uzten duten jarreretatik. Ez dugu esan nahi zaintza emakumeen berezko ahalmen esklusiboa denik, korronte feminista batzuek defendatzen duten bezala, baizik eta balio hori unibertsalizatu egin beharko litzatekeela, eta, beraz, gizonen zein emakumeen sozializazioaren funtsezko ardatza izan beharko litzatekeela.

Sarritan, maskulinitate tradizionala sortzen eta sustatzen da ez bakarrik beste gizon batzuei esker, baita seme-alabak helburu politiko jakin bat lortzeko indarkeria erabiltzearen aldeko jarreran sozializatzen dituzten ama abertzaleei esker ere; beren ikuspuntutik, eurek dena ematen dute seme-alaben alde, eta seme-alabek dena ematen dute aberriaren alde, hartara, seme-alaben eta nazioaren arteko bitartekari moduan funtzionatzen dute eta, horrela, indarkeria normalizatzen eta legitimatzen laguntzen dute.

2. GENEROA, FEMINISMOA ETA EUSKAL NAZIONALISMO ERRADIKALA. ANBIBALENTZIAK ETA KONTRAESANAK

EUSKAL MATRIARKATUAREN MITOA

Matriarkatuaren mitoak garrantzi berezia hartu zuen XX. mendeko 70eko hamarkadan eta 80ko hamarkadaren hasieran. Nazionalismoak politikoki instrumentalizatu zuen, bereziki Euskal Nazio Askapenerako Mugimendua izenaz bere burua izendatu zuen alderik erradikalenak. Horrekin, Euskal Herriaren berezitasuna azpimarrratu nahi zen, jatorri mitikoa eman nazio gisa eta Euskal Herriaren izaera matxista ukatu. Hala islatu zen *Punto y Hora* aldizkarian —trantsizioaren garaian ezker abertzalearen planteamenduekin bat zetorren komunikabidea— argitaratutako artikulu batean:

> Euskalduna ez da matxista inondik inora. Euskadik eragin handiko matriarkatu indartsua du. Gure etxekoandreek erabaki garrantzitsuak hartzen dituzte Euskal Herriko bizitzan, beti dira errespetatuak eta maitatuak eta askotan kontsultatuak, eta hori guztia itxurarik gabe (cfr. Hamilton, 2000: 156).

Mito horrek dio gizarte matriarkal bat zegoela Iberiar penintsulan herri indoeuroparrak sartu aurretik. Matriarkatuak emakumeen gobernua esan nahi du, hau da, emakumeek botere politikoa, autoritate morala eta pribilegio sozial eta ekonomikoak

dituzten gizartea, gizonak haietatik kanpo uzten dituena. Baina ez dago Euskadin matriarkatuaren existentzia frogatzen duen ebidentzia historikorik (Hernández, Esteban eta Bullen, 2018: 15).

Baserrietan, emakumeak, etxeko lanak egiteaz gain, nekazaritzako zereginez eta baratzeko produktuak merkatuan saltzeaz arduratzen ziren. Hala ere, baserrien ekonomian funtsezko zeregina bazuten ere, etxekojaunaren menpe zeuden (Rubio, 2003: 4). Aitak hala erabakiz gero, alabek oinordekotza har zezaketen, eta familiako baserrien jabe bakar bihurtu. Baina, horren ordainean, beren gain hartu behar zuten gurasoen zaintza, eta haien agintepean eta kontrolpean geratu. Bestalde, Euskal Herriko kostaldean jarduera nagusia arrantza denez, gizonak luzaro egoten ziren etxetik kanpo. Gauzak horrela, emakumeek familiaren kontrola hartzen zuten eta herriko arazo publikoetan parte hartzen zuten, baina gizonen komunitateak onartzen zuenean bakarrik (Lorenzo, 2014: 301).

ARIKETA 3

Asier Altunak zuzendutako *Amama* (2015) filmak egungo euskal baserri baten bizitza eta familia harremanak islatzen ditu. Filma ikusi ondoren, saiatu galdera hauei erantzuten:

- Nola irudikatzen du Altunak emakumeek baserrian duten lekua? Errealista iruditzen zaizu irudikapen hori?
- Zein neurritan eusten dio edo kontra egiten dio euskal matriarkatuaren mitoari, euskal gizartea beste batzuk baino berdinzaleagoa delako mitoari?

Halaber, argudiatzen da emakumeek euskal kulturan presentzia handia dutela arlo sinboliko eta espiritualean. Mari kristau aurreko euskal mitologiako figura nagusia da eta Ama Lurra gorpuzten du. Gainera, euskal mitologian badira beste emakumezko figura ahaltsu batzuk, sarritan gaiztoak eta gizonak limurtzeko ahalmena dutenak. Lamiak dira haietako batzuk, emakume itxurako eta ahateenak bezalako oinak dituzten izaki mitologikoak, ibaietan eta kobazuloetan bizi direnak. Euskal folklorearen elezaharren arabera, emakumezko izaki horiek gizonak maitemintzen

zituzten, gero engainatzeko (Rubio, 2003: 2). Horrelako kontakizunek, iruditeria ez-sexista bultzatu beharrean, feminitateari buruzko estereotipo tradizional eta misoginoenetako batzuk erreproduzitzen dituzte, tradizio judeokristauan Evarekin eta Pandorarekin gertatu den bezala.

BORROKA FEMINISTAREN INSTRUMENTALIZAZIOA

XX. mendeko 70eko hamarkadaren erdialdetik, Euskal Nazio Askapenerako Mugimendua, ETAren inguruan sortua, mugimendu feminista hasiberriarekin loturak sortzen saiatu zen, eta bere planteamendu ideologiko eta estrategikoekin lotutako erakunde sare bat sortu zuen. Teorian, feminismoa erakunde armatuak eta Euskal Nazio Askapenerako Mugimenduak babesten zuten gizarte mugimenduetako bat zen. Praktikan, ezker abertzaleko erakunde feministak feminismo ideologikoki mendekoaren parte ziren. Haien diskurtsoak zapalkuntza hirukoitza salatzen zuen: emakumearena, nazioarena eta klasearena, eta irmo defendatzen zuten Euskal Herriaren askapenak eta iraultza sozialistak soilik ekar zezaketela emakumeen eta gizonen arteko berdintasuna. Erakunde horiek ez zuten autonomia politikorik eta muturreko nazionalismoari baliagarri zitzaizkion, ideologia menderatzailearen eta haren hedatzaile sozial nagusien —batez ere familiaren eta Elizaren— aurkako ustezko borroka gauzatzeko. Uste zutenez emakumea eredu tradizionalaren ardatz erreproduzitzailea zela eta subjektu alienatzailea eta alienatua zela aldi berean —"kontzentrazio esparru" gisa funtzionatzen zuten erakundeek alienatua—, emakumeak aktiboki parte hartu behar zuen gizartearen eraldaketa iraultzailean, esparru politiko berri batetik abiatuta.

> Hezkuntza sisteman, familian, prentsan eta telebistan borrokatu behar da gai horiei buruzko ikastaroak eman daitezen. Beste alde batetik, sexualitatea erlijiotik bereizi behar da. Ez dago sexu askapenik izu morala eta bekatuaren beldurra nagusi badira, kastitatea eta

> birjintasuna inposatzen badira, eta antisorgailuak eta kondoia arbuiatzen badira. Erlijioa eta plazer sortzailea bateraezinak dira. Azkenik, familiaren instituzioa kritikatu behar. Egia da familia abertzaleak meritu handia duela euskarari eta independentismoari eusten, eta preso eta erbesteratuei, langabeei eta abarri baldintzarik gabeko elkartasuna erakusten. Baina familia da, sexuari dagokionez batez ere, plazerrari beldurra sortzeko eta obedientzia ekoizteko lehen fabrika, emakume emantzipatuaren kontzentrazio esparrua izateaz gain (Gil de San Vicente, 2005).

Egia esan, Euskal Nazio Askapenerako Mugimenduaren egitura piramidala zen, eta haren barruko kultura alternatiboko mugimendu guztiak multzo osoaren helburuen zerbitzura erabili ziren. Ezker abertzalearen ingurua marraztu zuten herri erakunde eta elkarteen edozein azterketak berresten du militantzia bikoitza edo hirukoitza zegoela, militanteek koadro jakin batzuetako kide izateaz gain, aktiboki hartzen zuten parte "errepresioaren aurkako" borrokan, euskararekin lotutako aldarrikapenetan, feminismoan, ekologismoan, etab. Hortaz, taldeen arteko interdependentzia sakona zegoen, eta horrek asko errazten zuen printzipio ideologiko-politikoak gizartean hedatzea (Sáez de la Fuente, 2002: 30 eta 255). Instrumentalizazio hori mugimendu horien indarra eta jendea mugiarazteko ahalmena beretzat baliatzeko saiakera bat izan zen, haien berariazko helburuak benetan bere egin gabe.

Trantsizioan, aldarrikapen feministak hausturako alternatiba globalaren zerbitzura instrumentalizatzea bereziki agerikoa izan zen bi kasu paradigmatikotan: Basauriko epaiketetan[1] eta mugimendu abertzalearekin lotutako bi emakumek pairatu zituzten

1. 1979an, bi emakume atxilotu zituzten abortuak egiteagatik Basaurin (Bizkaia), eta beste bederatzi abortatzeagatik. Atxiloketen ondoren, abortatzeko eskubidearen aldeko mobilizazio feminista masiboak antolatu ziren Estatu osoan, baina bereziki Euskal Herrian eta, batez ere, Bilbon. Protesta horiek esanguratsuak izan ziren euskal mugimendu feminista sendotzeko; izan ere, nabarmen lagundu zuten mugimenduaren batasunari eusten, kaleetan presentzia handia lortzen eta haren aldarrikapenak herritarren artean sozializatzen. Prozesu judizial hura 1985ean amaitu zen, hamaika emakumeak absolbituta.

sexu erasoetan. Protesta gisa, ETAk abortuaren aurka zegoen mediku baten jabetzaren eta pornografia proiektatzen zuen zinema baten aurka atentatu zuen. Bi gertakarien irakurketa feminista egin beharrean, ETAk eta bere ingurune politiko eta sozialak klase sozialeko arazotzat hartu zituzten Basauriko epaiketak, abortuak egiteko baldintza klandestinoek baliabide ekonomiko gutxien zuten emakumeei bakarrik eragiten zietela uste zelako. Sexu erasoei dagokienez, biktimen identitate politikoaren arabera soilik gaitzesten zituzten, emakumeen aurkako eraso gisa salatu beharrean (Lozano, 2016: 43).

Antzeko beretzat baliatzeko estrategia gertatu zen ekologismoarekin edo antimilitarismoarekin, eta mugimendu horiek, estrategia horren ondorioz, barne haustura sakonak izan zituzten. XX. mendeko 80ko hamarkadan, ezker abertzaleak bere gain hartu zituen Lemoizko zentral nuklearraren eraikuntzaren aurkako eskaera ekologistak, eta ETA militarrak eta ETA politiko-militarrak esku hartu zuten auzian atentatuak, bahiketak eta hilketak eginez. Ordurako baziren hainbat ekimen, hala nola Euskal Kostalde Ez Nuklearraren Aldeko Batzordea (1974), non adituak biltzen ziren, eta Zentral Nuklearren Kontrako Batzordeak (1977), zeinen lana indarkeriarik gabeko herri mobilizazioak antolatzea baitzen. Lemoiz ixteko bidean zela, Gipuzkoa eta Nafarroa lotzeko Leitzarango Autobiaren proiektuaren aurkako erreakzioak hasi ziren.

ETAk eta gazte taldeek egindako atentatuen erdian —gazteon ekintzak izan ziren kale borrokaren hazia—, politikoki oso eztabaidagarria izan zen akordio bat lortu zen, eta Herri Batasunak (HB) lelo honekin kapitalizatu zuen: "atzo Lemoiz gelditzea lortu genuen, gaur Autobia aldatzea eta bihar autodeterminazioa lortuko dugu". Antimilitarismoari dagokionez, intsumisioaren, hots, indarkeriarik gabeko desobedientzia zibilaren filosofia eta praktika kolokan jarri ziren beste planteamendu batekin: Espainiako armadarekin soldaduska egiteari uko egin baina indarkeriaren erabilera defendatzea, "milia miliekin" (ETA militarrari erreferentzia eginez) eta antzeko esloganen bidez.

GIZON GUDARIEN ETA EMAKUME ZAINTZAILE ABERTZALEEN IRUDITERIA TRADIZIONALA

Euskal nazionalismo erradikala lehen nazionalismoaren (politikoki EAJk ordezkatua) ikuspegi erlijioso eta kontserbadore prototipikoetatik aldentzen saiatu zen. Hala ere, nahiz eta teorian mugimendu feministaren berdintasun aldarrikapenak babesten zituzten, sexuen arteko osagarritasunaren iruditeria hierarkizatu eta patriarkalari eutsi zioten, zati batean behintzat.

Lehen nazionalismotik, emakumeek bitartekaritza zeregin nuklearra izan zuten "ama abertzale" gisa eta nazioaren, Ama Aberriaren, sinbolo gisa; aberria, ordea, "gizonezko protagonista politikoek defendatu behar zuten" (Hamilton, 1998: 171). Ezker abertzalearekin, amatasuna alde batera uzten zuen eta kausa nazionalistarekin politikoki konprometitzen zen emakume militantearen iruditeria berria sortu zen. Hala ere, emakume gehienek sexu desberdintasunaren eraikuntza patriarkalen mugen mende jarraitu zuten, "etxeko aingeru"tzat eta nazioaren eta familiaren batasunaren ezinbesteko euskarritzat hartzen baitzituzten (Arizabaleta, 2019: 15). ETAk ez zuen argi frogatu kosmobisio hori hautsi nahi zuenik; are gehiago, interesatu zitzaionean erabiltzen jarraitu zuen. Estereotipo tradizional horren arabera, emakumeek etxekoandreen rolari eutsi zioten, eta seme-alabak hazteko, familia kontserbatzeko, "balio abertzaleak" transmititzeko, familiako gizonen oreka afektiboa mantentzeko eta ETAko militanteen bizitza babesteko ardurak hartu zituzten beren gain (Rodríguez, 2017; Del Valle, 1985: 239).

Gizonen kasuan, euskal gizonek Gerra Zibilean egindako sakrifizioa mitifikatzen zuen memoria landu zen. ETAko militanteek "36ko gudarien jarraitzailetzat jo zuten beren burua" (Martínez, 2018: 203) eta haien identitatea aberriaren alde hiltzeko eta erailtzeko prest zeuden martiri eta heroi moduan eratu zen (González-Allende, 2023: 310). "Heroi" horiek entitate sakratua eskuratu zuten, eta biktimario izatetik biktima izatera igaro ziren, beren bizitza gorengo misio historiko baten alde sakrifikatzen baitzuten: Euskal Herriaren askapenaren alde. Indarkeriaren

erabilerak lanaren sexu banaketa indartu zuen, eta horrekin batera gizon gudari eta emakume zaintzaile binomioa ere bai. Hala, gizon "publikoek" etengabe militatu behar zuten eta beti egon behar zuten borrokarako prest, eta, hori gertatzeko, emakume "pribatuek" atsedenik gabe arduratu behar zuten gudariak zaintzeaz (Etxebarrieta eta Rodríguez, 2016: 35). Ondorioz, euskal nazionalismo erradikalean emakumeak gizonekin zituzten harremanak kontuan hartuta definitzen ziren, hau da, gudarien ama edo emaztea izanik.

ARIKETA 4

Fernando Aramburuk idatzitako *Patria* (2016) liburuan, Miren pertsonaia espetxean zigorra betetzen ari den ETAko terrorista baten ama da, Joxe Marirena. Eleberrian zehar aldaketa sakona ikusten da Mirenek indarkeria helburu politikoekin erabiltzeari buruz duen jarreran.

- Identifikatu nolako jarrera duen Mirenek ondorengo zati bakoitzean.
- Zure ustez, pertsonaiaren bilakaera arestian deskribatutako ama abertzalearen profilaren antzekoa da? Zergatik?

Mirenen gogoetak eta senarrarekiko elkarrizketa, Bittori lagunarekin batera Joxe Mari semea kale borrokako ekintza batean parte hartzen ikusi ondoren (7. kapitulua: Harriak motxilan):

—Ene, ene! Haiek kartel guztiak logelako hormetan. Eta mahai gainean zeukan zurezko irudia, aizkoran kiribildutako sugearena, zer?

Arratsalde batean, Miren urduri edo haserre iritsi zen etxera. Joxe Mari Donostiako kale istilu batean ikusi zuten. Nortzuek ikusi zuten?

—Nor izango da ba? Bittorik eta biok. Ala batekin nabilela uste duzu?

—Tira, lasai. Gaztea da, odol beroa du. Pasatuko zaio.

Miren, urduri prestaturiko tila katilu bati hurrupaka, San Inaziori otoika hasi zen

Miren eta alaba Arantxaren arteko elkarrizketa, goiz horretan bertan bonba batek Arantxaren senarraren lagun bat hil ondoren, haren eta semearen aurrean (89. kapitulua: Airea jangelan):

[Arantxak Mireni] —Aizu, zuk zer esan diozu haurrari?

[Mirenek erantzun] —Eta zuek, zer esan diozue gizon gaizto batzuei buruz?

Aurpegi itxuragabetu horiek, begirada suminkor horiek, ahoetatik tiroak bezala irteten diren hitz horiek.

Arantxak, oldarkor, amorruz, erdaraz ekin zion.

—Ez dut semea galdu eta ez naiz alargun gelditu mirariz. Eztanda baino minutu erdi lehenago pasatu dira biak bonbaren ondotik.

—Hemen ez gara errugabeen aurka ari borrokan.

babes eta aholku eske. Eta baratxuriak zuritzen zituen bitartean, bisiguaren haragian sartzeko, aitaren egiten zuen aiztoa askatu gabe. Afarian, bakarrizketan aritu zen senide mutuen gurpilaren aurrean, nahigabe larrien iragarle, Joxe Mariren ibilerak konpainia gaiztoen eraginari egotziz. Manoliren semeari botatzen zion errua, harakinaren semeari, koadrila osoari.

—A ze nolako piura, belarritako horrekin, nire onetik ateratzen nau. Ahoa zapi batez estalita zeraman [...]

Iturria: Aramburu (2016).

—A, baina zu borrokan ari zara? Zorionak eman behar al dizkizut gaur goizekoagatik?

—Zinegotzi hori, zure senarraren laguna, PPkoa zen.

—Erotuta al zaude? Gauza guztien gainetik pertsona ona zen, familia bateko aita eta bere ideiak defendatzeko eskubidea zuen gizona.

—Zapaltzaile bat zen. Eta gogorarazten dizut anaia bat duzula Espainiako kartzela batean usteltzen horrelako pertsona onen erruz.

—Zure semeari, hartaz hain harro bazaude ere, odol delituak frogatu zizkioten. Horregatik dago kartzelan, terrorista izateagatik. Berriro diotsut, terrorista izateagatik, ez behin Endikari esan zenion bezala euskaraz hitz egiteagatik. Gezurtia, gezurti galanta.

—Zer duzu esateko nire semeaz, Euskal Herriaren alde larrua jokatu duen gudari batez?

—Ba zoaz zure semearen biktimenera eta azaldu iezaiezu. Ea begietara begiratzera ausartzen zaren [...]

Iturria: Aramburu (2016).

Amaren eta seme-alaben arteko harremanek nazionalismo erradikalean izan zuten garrantzi sinbolikoa bereziki nabarmena izan zen amnistiaren aldeko eta presoen sakabanaketaren aurkako manifestazio mota guztietan eta ETAko kideen hileta errituetan. Manifestazioetan, adineko emakumeak (ETAko presoen amak) lehen lerroan joaten ziren pankarten atzean, seme-alabak espetxetik atera zitzatela eskatuz (Hamilton, 2000: 157). Bestalde, hildako militanteen hiletetan, senideen artean, amak zeukan lehentasunezko lekua, eta hori doktrina nazionalistak amaren, aberriaren

eta lurraren artean egiten zuen baliokidetasunaren agerkari moduan interpretatzen zen. Gerra Zibilean gertatu zen bezala, euskal prentsa nazionalistak emakumeei eskatu zienean gudari berriak sortuz laguntzeko eta "seme-alabak eskuzabaltasunez sakrifizioan eskaintzeko" (Aresti, 2014: 301), nazionalismo erradikalean ere amaren figura gehien sufritzen zuenaren eta, bere minaren bidez, herriaren egoera zanpatua bere gain hartzen zuenaren erakusgarri zen (Sáez de la Fuente, 2002: 218). Bere azterlan etnografikoan, Begoña Aretxagak honako hau azpimarratu du:

> Indarra modu desberdinean adierazten da gizonarengan eta emakumearengan. Indar maskulinoa ekintzaren bidez adierazten da kulturalki, eta kirol lehiaketak dira horren adierazgarririk argiena. Aitzitik, emakumeen *indarra* egotean, eustean, laguntzean adierazten da funtsean, eta hori hileta erritualean ikus daiteke, non emakumeak hartzen duen bere gain egoera mingarria. Emakumea dago hildakoaren ondoan uneoro, bisitak hartzen, behar den guztia prestatzen eta dolua eramaten. Hildakoarekiko betebehar erritualak betez, une bakoitzean egoera mingarri bat berraktibatzen du eta eutsi egiten dio (Aretxaga, 1988: 93).

Gurasoen eta semeen arteko harremanak problematikoagoak izan ziren. Sarritan, ETAko lehen kohorteetako militanteek nahiago izan zuten gurasoen legatutik aldendu, ez zutelako onartzen gurasoek gerra galdu izana eta diktadurari aurre egiteko gai ez izana. Belaunaldi berriek ahultasun zantzutzat hartu zuten hori. Horregatik, ETAko militanteen lekukotzei buruz egin zuen azterketan, Carrie Hamiltonek ezaugarri hau azpimarratu zuen:

> [...] aitarekin hausteko beharraren, aktibismo politikoaren eremu publikoan sartzeko, eta amari lotutako eremu pribatuaren, "galdutako" euskal etxe mitikoaren, nostalgiaren arteko tentsioa. Oroitzapen pertsonal horiek komunitate nazionalista erradikalaren irudikapen publikoak indartzen dituzte: familia nuklearra, seme militantea erdian, ama maitekor eta konprometitu bat alde batean eta aita ahul bat bestean (Hamilton, 2000: 159).

80ko hamarkadatik aurrera, erakunde militarrak berak "aita ahularen" figura instrumentalizatu nahi izan zuen, eroritako militanteen aitatasun politikoa eskatzeko. Hala gertatu zen Miren Bakarne Arzelusekin, ETAko lehen emakume militantearekin. Guardia Zibilak hil zuen tiroz 1986an. Haren familia biologikoak —EAJ zalea— hileta katoliko eta konnotazio politikorik gabea nahi zuen, baina ezker abertzaleak esanahi politikoa eman nahi zion, herriaren ondaretzat hartuta, eta honela esan zion aitari: "Miren Bakartxu ez da zurea, haren aita bazara ere. Herriarena da, berarengatik eman baitu bizia. Eta zure jarrerak erail dutenei bakarrik egiten die mesede" (cfr. Sáez de la Fuente, 2002: 180). Gatazka latz baten ondoren, erakunde armatuaren eta haren ingurune politikoaren logika gailendu zen. Heroi-martiriaren eskema erritual tradizionalari eusteko, hildakoaren ama biologikoaren ordez ama politiko "abertzale" bat jarri zuten, Itziar Aizpurua, 43 urteko emakumea, seme-alabarik ez zuena, bere ideologiarekin argi eta garbi identifikatua, eta ideologia hori defendatzeko indarkeriaren erabilera justifikatzen zuena. Honela kontatu zituen gertakariak Iñaki Arzelusek, Miren Bakarneren aitak:

> Bederatziak laurden gutxiagotan [...] gure alaba ikustera joan ginen hilerriko gorputegira, eta une horretan emakume batzuk ETAren pegatinak jartzen hasi ziren hilkutxan. Gero, kutxa hartu eta familiaren panteoira eraman zuten, guk geuk egin nahi bagenuen ere. Errespontsuaren ostean [...] apaizak lurperatu genezakeela esan zuenean, ezker abertzaleko talde batek zera oihukatu zuen: "hemen ez da inor lurperatzen". Eta beren ekitaldi politikoari ekin zioten. Gure eskubideen gainetik pasatu direla uste dugu. Alabarengan eskumenik ez nuela ere esan zidaten, nire alaba herriarena zela eta (*La Vanguardia*, 1986ko urtarrilaren 18a).

3. GENEROA ETA INDARKERIA EUSKADIN: EMAKUMEZKO BIKTIMARIOAK

PROFILAREN PISU ESPEZIFIKOA ETA OINARRIZKO EZAUGARRIAK

XX. mendearen bigarren erdian, emakumeek gero eta parte hartze handiagoa izan zuten legez kanpoko talde armatuetan (Garrido, 2021). IRAn bezala, ETAko kide gehienak gizonezkoak izan dira. Militantzian emakumeek zuten pisu espezifikoa 1970ean %4 izatetik 1995ean % 11 izatera igaro zen, baina ez zuen inoiz %15eko muga gainditu (Reinares, 2004: 467). Aitzitik, nazioartean badira emakumeen presentzia oso esanguratsua izan duten talde armatuak, hala nola Kolonbiako FARC, Kurdistango Langileen Alderdia (PKK), Peruko Sendero Luminoso eta Eelam Tamileko Askapen Tigreak (lau kasuetan, emakumeak ekintzaileen % 40 dira) (Bloom, Gill eta Horgan, 2012; BBC, 2014; Garrido, 2021; Freedman, 2020). Datu horiek agerian uzten dute miseriak eta aukerarik ezak zenbateraino eragin dezaketen emakumeak erakunde armatuetan sartzea.

Ez zen emakumerik izan erakunde armatua sortu zutenen artean. Baina lehenengoak XX. mendeko 60ko hamarkadaren hasieran sartu ziren. Burgosko epaiketan (1970), ETA frankismoaren aurkako borrokaren erreferente bihurtu zen, ez bakarrik nazionalismoarentzat, baita oposizio politikoaren eta iritzi publikoaren beste sektore esanguratsu batzuentzat ere, gure mugen barruan

eta kanpoan, eta lehen aldiz ikusarazi zen emakumeen militantzia. Burgosen hiru emakume epaitu zituzten: Jone Dorronsoro, Itziar Aizpurua eta Arantza Arruti. Berrogeita hamar urte baino gehiagotan oso emakume gutxi iritsi ziren kupulara, haien artean, Yoyes, Soledad Iparragirre (Anboto), Carmen Gisasola eta Iratxe Sorzabal (Ezpela).

Bai gizonezko bai emakumezko ekintzaileak 20 urte ingururekin sartu ziren ETAn. Batzuk eta besteak antzeko gizarte inguruneetatik zetozen. 70eko hamarkadan, haietako hainbat historian zehar nazionalismoari babes handia eman dioten eremuetan bizi ziren familia euskaldunetatik etorri ziren, batez ere Gipuzkoako eta Bizkaiko herri txikietatik edo hirigune handiagoetatik; 80ko hamarkadatik aurrera, berriz, nabarmen handitu zen Euskadira frankismo berantiarreko industrializazioak behar zuen eskulana asetzeko Espainiako beste eskualde batzuetatik etorritako familia migratzaileen edo familia mistoen seme-alabak zirenen ehunekoa (Hamilton, 2007a). Bestalde, ETAn sartu aurretik, aktiboki militatu zuten erakunde armatuaren inguruko esparru politiko, sozial eta kulturaletan, eta kale indarkeria (kale borroka) ere erabili zuten. Gizonen eta emakumeen sartzeko moduak ere eredu berari jarraitu zion: hasieran, kide "legalak" ziren (poliziak fitxatuta ez zeuzkanez, eguneroko bizimodua eta indarkeriazko jarduera uztartzen zituzten); behin polizia kidegoek identifikatuta, klandestinitatera pasatzen ziren "kide askatu" gisa, ETAren soldatapean.

Emakumeak errazago sartzen ziren ETAn erakundea konturatu zenean emakumeak ETAn sartzea aktibo estrategikoa izan zitekeela; izan ere, emakumeak izateagatik, Segurtasun Indar eta Kidegoek nekezago antzematen zieten. Gainera, garai hartako ustean burutik sano zegoen emakume bat ezin zen terrorista izan, eta horrek, batez ere hasieran, abantaila ekarri zien emakumeei auzipetu eta epaitu zituztenean, haien ekintzak patologia baten ondorio zirela interpretatu baitzen (Hamilton, 2007a: 139; Rodríguez, 2017: 431-432). Egia esan, atxiloketa masiboak izan zirenean sartu ziren emakume gehiago erakunde armatuan, aktibista gehiago behar baitzituen.

EMAKUMEEK ETAN SARTZEKO ZITUZTEN MOTIBAZIOAK ETA ZAILTASUNAK

Lehen garaietan, gizonak erakartzeko hainbat bide erabili zituzten: ikasleen erakundeak, Eliza Katolikoaren mintegiak, unibertsitateak, lantegietako bilera klandestinoak eta abar. Aldiz, emakumeek askoz ere sarbide murritzagoa zuten esparru horietara —eta, beraz, erakartzeko aukera gutxiago—, lanaren sexu banaketak bere horretan jarraitzen zuelako eta emakumeak berandu sartu zirelako hainbat hezkuntza eta lan sektoretan. Adiskideen, kultura jardueren eta joera ezkertiarreko apaiz nazionalistek gidatutako eliz talde mistoen bidez jarri ziren emakumeak harremanetan ETArekin (Hamilton, 2007: 135).

Nahiz eta pentsatzen den emakumeak ETAn sartzeko funtsezko eragileetako bat erakunde armatuko kide ziren gizonekiko lotura afektiboak izan zirela, faktore horrek antzeko eragina izan zuen gizonengan eta emakumeengan. Maiz, mutilak ere —familiaren aldetik babes sendoagoa jasotzen zuten— beren ingurune hurbileneko pertsonek erakartzen zituzten ETAra, eta neskek zein mutilek, denek zeuzkaten Euskal Herriaren "etsaitzat" jotzen zituztenekiko arbuio, gorroto, haserre eta mendeku sentimenduak gidari (Forjan, 2021: 140). Euskal errealitateaz zuten interpretazioak elikatzen zituen sentimendu horiek ideologikoki eta politikoki. Zapalkuntza eta okupazioa ikusten zuten eta antiespainolismo sutsua sentitzen zuten denek, bai emakumeek, bai gizonek. Lehen belaunaldiek, neskek zein mutilek, bidegabekeria guztien aurkako borroka biltzen zuen sinboloa ikusten zuten ETAn, errealitatearen oso ikuspegi sinplista eta itxuragabetik. Hala kontatzen du Carmen Gisasolak —Langraiz bideko kidea, hau da, indarkeriarekiko jarrera kritikoa hartu ondoren erakunde armatutik espresuki aldendu ziren ekintzaileen multzokoa— elkarrizketa batean:

> Gerra Zibila galdu ondoren, ETAk euskal erresistentzia berria gorpuzten zuen, eta guk iraultzailetzat geneukan geure burua. Mundu osoko gerrilla askoren eklosio urteak ziren, eta guretzat erreferentzia ziren. Dena posible zela uste genuen. Garai hartako leloa "Herri

> armatu bat ez da inoiz zapaldua izango" zen; gazte asko liluratuta geunden horrelako gauzekin. Kontuan izan behar da oso eskema sinpleekin mugitzen ginela. Iraultzak Euskal Herri independente, sozialista eta euskaldun batera eramango gintuela amesten genuen, eta gure alde ez zegoena Euskal Herriaren aurka jartzen zela uste genuen [...] (cfr. Unzueta, 2016: 146-147).

Hala ere, alde nabarmena zegoen ETAn sartzeko motibazioen sustraietan, liburu honen lehen zatian azaldutako generoaren araberako sozializazio diferentzialetik zetorrena. Emakumeak ETAn sartzeak izaera kolektiboa zuen, eta amatasunari lotutako altruismoaren, sakrifizioaren eta abnegazioaren ezaugarri tradizionalei lotzen zitzaien. Paralelismo gaiztoa ezar liteke norberaren familia zaintzeko konpromisoaren eta aberria zaintzeko konpromisoaren artean (Ama Aberria), bigarren konpromiso horrek indarkeria erabiltzea eskatzen baitzuen: "emakumeak —ETAkoak eta munduko guztiak— immolazio edo sakrifizioaren logikan sozializatzen dira eta horrek ezartzen du haien pentsamoldean beren herriaren alde zerbait egitera behartuta daudelako ustea, guztion ongiaren erantzule natural bihurtzea" (Lozano, 2016: 47). Aldiz, gizonak ETAn sartzeak konnotazio indibidualistagoak zituen, armak hartzea libreki eta borondatez erabakitzen zutela interpretatzen zelako, eta, horrela, beren ekiteko gaitasuna erabiliz, beren ekintza bortitzak maskulinotasun hegemonikoaren bertsio erradikalenen epika heroikoaz janzten zituztelako (Lozano, 2016: 48). Desberdintasun horiek Carmen Gisasolak idatzitako *Gaur Zortzi* (2012) eleberrian islatzen dira. Iraiak, Andrearen alabak, 19 urterekin ETAn militatzea erabaki du bere betebeharra delakoan. Hala adierazten du amari idatzitako agur oharrean:

> Ama, etxea utzi behar dut morroiak [polizia] atzean ditudalako. Ez horregatik estutu. Nitaz ez kezkatu. Nire eginbeharraren ondoriotzat hartu. Bion banaketaz ez dut nahi pentsatu. Bihotzean zaramatzadala ez inoiz ahaztu. Ama, beti maiteko zaitut (Gisasola, 2012: 12).

Bitartean, Andoni —Andrearen gutun luze bat jasotzen duen ETAko presoa— ikuspegi heroikoago batetik sartu zen ETAn, eta

bere militantzia Euskal Herriaren askapenarekin duen konpromisoaren emaitza dela uste du:

> Andonik bere historia ez zuen handitzat ez eta tragikotzat ere. Militantearen konpromisotzat bai, oztopo guztiak gainditzea lortu zuelako beti: kideen heriotzak, torturak, bakardadearen ezinak. Militantearen bizitza, egun ziurrik barik, askatasun eguna itxaroten bizitzari eutsi eta aurre egitea zen (Gisasola, 2012: 90).

Bestalde, emakumeak ETAn sartzeko orduan, genero harremanak berreraikitzeko itxaropenak ere eragina izan zuen, sinetsita baitzeuden —batez ere lehen hamarkadetan, eta bereziki ezker abertzalearen aldeko sektore feministatik zetozenen artean— ikuspegi emantzipatzailea partekatua zela, eta, beraz, genero rol tradizionalak hautsi ahal izango zituztela, bai eta beren bizitzak zuen patu bakarra ere: emaztea, etxekoandrea eta ama izatea.

> Ni terrorista sartu nintzen etxea ez garbitzeko. Etxekoandreek izua ematen zidaten. Herriko planek aspertu egiten ninduten. Igandeetan plazara dantzatzera eta gero bi haur zaintzera, senarra partida jokatzen eta irratian futbola entzuten ari zen bitartean, eta norbera tutu-gonaz jantzita. Ezta pentsatu ere (cfr. Rodríguez, 2017: 430).

Hasierako militantzia politiko hartan, Euskal Herriaren askapenarekin emakumeen askapena ere iritsiko zela uste zuten. Uste hori ahuldu egin zen ETAk gizartean zeuden genero harreman asimetriko berberak errepikatzeko joera zuela ikustean, eta barne kontraesan esanguratsuak eragin zituen haiengan, ahal izan zuten moduan saihestu behar izan zituztenak.

Erakunde armatuan sartu ahal izateko, emakumeek konfiantzazko kontaktuak bilatu zituzten, normalean beste emakume batzuk, eta bat baino gehiago sartzen ziren aldi berean (sartze kolektiboa). Baina, batzuetan, ikusten zuten ekintzaile berriak erakartzeaz arduratzen ziren emakumeak mesfidati agertzen zitzaizkiela. Oztopo nagusietako bat aurreiritzi sexista bat izan zen: ez zeudela indarkeria erabiltzeko gaituta, gizonak baino ahulagoak

zirelako, eta ahultasun hori arma bat hartzeko ezintasunean agertzen zela bereziki.

> Nik arazo handiak nituen neska militanteak erakartzeko, ez nintzelako fidatzen ausartak izango ote ziren edo indar nahikoa izango ote zuten. Jende ausarta behar nuen. Egin kontu nola diren gauzak: emakumeak ikusten nituen, baita nire lagun taldekoak ere, eta esaten nuen: "hauek ez dute ETAn sartzeko ausardia eta indar nahikorik". Eta hori oso euskarazaleak eta nazionalistak izanda, baina azkenean gizonak harrapatu nituen beti (cfr. Rodríguez, 2017: 431).

GENERO ASIMETRIAK ERAKUNDE ARMATUAREN BARRUAN

Berez, emakumeek ETAn parte hartzeak genero rol tradizionalen urratze eta iraultze bat ekarri zuen, hots, emakume baketsua *versus* gizon bortitza binomioarena. Gainera, etakidea izateko, emakume batek uko egin behar zion amatasunarekin identifikatutako feminitate ereduari (Lozano, 2016: 49-50). Hala ere, erakunde armatuaren historian zehar, emakume batzuk klandestinitatean sortutako haurren amak izan ziren, askotan beste ekintzaile batzuekiko harremanaren ondorioz, eta haur horietako 40 espetxean jaio ziren. Presoen sakabanatze politikaren ondorioz, "motxila haurrak" bihurtu ziren, kartzelan bizitzeko legezko adina (3 urte) gainditzean ama bisitatzeko ehunka kilometro egin behar zituztelako (*El Mundo*, 2017ko urtarrilaren 25a). Edozein erakunde armatutan, seme-alaben jaiotzak erakusten du genero arauek bere horretan jarraitu ohi dutela: amek beren seme-alaben gaineko erru eta erantzukizun sentimenduak garatzen dituzte —batez ere sozializazioaren bidez inokulatutako sentimenduak—; gizonezko aktibistengan, berriz, sentimendu horiek askoz motelago agertzen dira edo ez dira agertzen, "borroka heroikoa" baita haien lehentasuna (Castellanos, Rodríguez eta Bermúdez, 2001: 177-178).

Era guztietako esparru politiko, ekonomiko eta sozialetan gertatzen den bezala, ETAko emakumezko ekintzaileei gizonezkoei

baino gehiago eskatzen zitzaien beren balioa erakustea. Bestalde, lanaren sexu banaketa argia gertatzen zen erakundearen barruan, eta, beraz, emakumeek, batez ere lehen garaietan, ez zuten lidergo politiko eta militarreko posturik erdiesten, eta informazio bilketarekin eta mantentzearekin lotutako zereginetan aritu ohi ziren (Pando eta Rodríguez, 2020: 3). Izan ere, sarritan gizonek uste zuten etxeko lanak ia emakumeen eskumen esklusiboa zirela. Batzuetan, emakume etakide batzuek neskame soil gisa ikusten zuten beren burua.

> Ia beti gizonekin bizitzea egokitzen zitzaigun, eta niri erbestea asko kostatu zitzaidan, orduantxe jabetzen zarelako benetan matxismoaz, gizonekin topo egin eta arazoak iristen direnean. Etengabeko borroka zen gauzak egin zitzaten. Baina ez ginen isiltzen. Neska guztiak elkartzen ginenean aprobetxatu egiten genuen eta esaten genien: "zuri dagokizu garbitzea, gaur ez duzu erosketarik egin, gibel handi bat zara". Etengabeko liskarra zen, oso nekagarria. Ez zuten etxeko lanetan parte hartzeko ohiturarik, ezta asmorik ere. Errazagoa zen haientzat guk egitea. Baina ni ez nintzen haraino iritsi eta dena utzi gudarien ipurdia garbitzen amaitzeko (cfr. Rodríguez, 2017: 436).

Emakumeek debekatuta edo mugatuta zuten armak erabiltzeko aukera, erakundean ez baitzuten uste "ausartak" zirenik. Armak maskulinitatearen eta, beraz, gizontasunaren adierazpen paradigmatiko gisa ulertzen ziren. Helburu politikoak lortzeko indarkeria erabiltzea zalantzan jarri gabe, emakume etakideen lekukotasunek erakundearen barruan armen gainean nagusi zen ikuspegi patriarkala nabarmentzen dute.

> [...] nazkatuta nengoen txandako liberatua etorri, pipa mahaian jarri eta esateaz: "hau horrela da neuk diodalako". Ni ez naiz inoiz militarista izan, baina uler nezakeen borroka armatua tresna politiko gisa. Orain, armak erabiltzea zein gizon ziren erakusteko... kojonimetroa esaten nion (cfr. Rodríguez, 2017: 435).

> Hara, nik ezagutzen nuen Txominen laguntzailea zen emakume hura. Baina, hartaz gain, ez nuen inoiz emakumerik aurkitu postu

> garrantzitsuetan. Askoz gutxiago unitate armatuetako kideen artean. Garai hartan ez zegoen bakar bat ere. Zalantzarik gabe, euskaldunok beti izan dugulako konplexu oso matxista hori. Hori hala da, seguru [...] (cfr. Reinares, 2004: 469).

Erakunde armatua desegin ondoren ere, ETAren ortodoxiaren kanon ideologiko eta estrategikoen barruan mantendu diren emakumeak genero asimetrien iraunkortasunaz mintzo dira:

> [...] Hamarkadak igaro ahala, askoz gehiago izan ginen; hala ere, gehienetan gizonekin militatu izan dut, % 90 ziren eta [...] alderdi formalean ez zegoen desberdintasunik, emakumeak zeuden prestakuntza taldeetan, zuzendaritzan edo aparatu politiko eta ekonomikoan. Hala ere, alde subjektiboan, gure hezkuntzako rolak, patriarkal hutsak, agerikoak ziren (Gago eta Ríos, 2021: 171 eta 189).

Emakumeak faktore disruptoretzat jotzen ziren, arazoak sor zitzaketelakoan, dela arrisku-egoeren aurrean gizonek arriskua har zezaketelako haien segurtasuna bermatzeko, dela klandestinitatean bizitzeko desegokiak ziren lotura afektiboak sor zitezkeelako (Pando eta Rodríguez, 2020: 3). Funtsean, arazoa zen emakumeen presentzia elementu probokatzailetzat hartzen zela sexu ikuspegitik. Emakume etakideek haserre eta egonezin handiz deskribatzen dituzte lankideen sexu jazarpen eta abusuak.

> Nahikoa genuen bizirik irautearekin eta haietakoren bat jasatearekin. Batzuetan ohean sartzen zitzaizkigun. Horrek dakarren guztiarekin, e! Iraultzaileak? Barregura ematen didate niri ezkerreko iraultzaileek (cfr. Rodríguez, 2017: 436).

> Bazen pailazo haietako bat nirekin sexua izan nahi zuena. Eta nik ez nuen nahi. Orduan esan zuen, kontuz ibili, edo zuri buruzko txosten negatiboa bidaliko dut. Bai, horrelako xantaiak egongo ziren. Batzuetan hori gertatzen zen eta erabat hondatzen ninduen (cfr. Reinares, 2004: 471).

Giro horretan, emakumeak elkarrekin bizitzeko estrategiak garatzen saiatu ziren, talde ez-mistoak sortuz, bakardadetik eta gizonen kontroletik eta zalantzan jartzetik ihes egiteko, baina baita erreferente edo eredu femeninoak aurkitzeko ere:

> ETAren kasuan zelula horiek berez sortu ziren, eta badirudi, gerrilla kurduan eta beste talde armatu batzuetan ez bezala, zuzendaritzak ez zuela sustatu emakumeen unitateak sortzea [...] (Rodríguez, 2017: 421).

ARIKETA 5

Hijos de la fábula (2023) eleberrian, Fernando Aramburuk ironia erabiltzen du ETAren barruko genero asimetriak karikaturizatzeko.

- Identifikatu nola darabilen ironia atal honetan:

—Ikasi nigandik. ETArekin ezkondu nintzen. Beste inorekin ez. Eta ekintzak izango dira nire seme-alabak. Jar dakidala aurrean emakume bat larru gorritan. Ez dut tenplea galduko. Hemen naukazu, gure herriaren alde borrokatzeko prest. Ez nau emakume batek lotzen. Euskaldun askeok bakarrik askatu dezakegu Euskal Herria. Edo gauza batera gaude edo bestera. Independentzia ez da lortzen kalean haur gurditxo bat bultzatuz. Gure eginkizuna armak hartzea da, ez biberoia. Egunen batean lortuko dugu helburua. Orduan itzuliko zara herrira. Semea harro egongo da zutaz. Eta agian Karmele ere bai. Baina lehenik Euskal Herria, e? Ondoren, bestea [...] Emakumeekin, kontuz, Joseba. Arriskutsuak dira [...]

—Ba, ETAn emakumeak egon dira zuzendaritza postuetan.

—Horrela joan zen ETA pikutara, egunetik egunera ahulago eta ezgaiago. Ez dut emakumerik nahi gure erakundean. Borroka armatua gizonen kontua da, eta ez guztiena ere, indartsuenena eta ausartena soilik.

—Gaur egun zaila da emakumeei atea ixtea. Edozein arrazoirengatik muntatzen dizute iskanbila feminista. Gero, politikari lerdetsu horiek guztiek elkartasuna adierazten diete haien botoak lortzeko.

—Kanpoan utzi behar ditugu. Pentsatuko dugu trikimailuren bat.

—[...] Argiak dira, gero!

—Argiak inork ez dituelako gelditzen.

—Ba nik gogoko ditut.

—Hor konpon.

Iturria: Aramburu (2023: 24-25 eta 160-161).

- Nola kontrastatzen du AramburuNews planteamenduak zure inguruan gai horiei buruz zuk hauteman duzunarekin?

YOYES, DISIDENTZIAREN MADARIKAZIOA

"ETAtik ateratzeko, ausardia handiagoa behar da bertan sartzeko baino".

Carmen Gisasola

José Miguel Beñarán Ordeñanaren (Argala) eskutik, Yoyes ETA militarraren buruzagitzara iritsi zen lehen emakumea izan zen 70eko hamarkadaren bigarren erdian, bai eta "atetik irten eta kanpotik itxi zuen lehen buruzagia ere" (Unzueta, 2016: 178). Handik urte gutxira, Batallón Vasco Españolek (1978) Argala hil eta gero, eta berunezko urteak deiturikoak ekarriko zituen ETA-ren deriba militaristaren ondoren, erakunde armatua uztea erabaki zuen zuhurki, eta sei urte eman zituen Mexikon (1979-1985). Han ikasi egin zuen eta seme bat izan zuen, bikotekidea Euskadin zegoela. Badirudi arrazoi horrek bultzatu zuela bere herrira itzultzea pentsatzera. Amatasunaren bizipen biziari uko egin gabe, behin eta berriz azpimarratzen zuen, kontzientzia feministatik, erne egon beharra zegoela pentsatzeko eta jarduteko gaitasuna garatzen jarraitzeko (Yoyesen Lagunak, 1996: 59).

Frantziako poliziak Txomin Iturbe atxilotu zuen eta horrek defendatzailerik gabe utzi zuen Yoyes, lerro gogorrenaren kontrolpean erakunde armatu haren barruan. Urte batzuk geroago, 1986ko urrian, Jose Antonio Lopez Ruizek (Kubati) Yoyes hil zuen, seme txikiaren aurrean, Ordizian, beraren jaioterrian, herriko jaietan. Atentatua jazarpen eta estigmatizazio prozesu gogor bat jasan ondoren gertatu zen: hainbat pintada zeuden "Yoyes salatari", "Yoyes traidore" edo "Yoyes hilda zaude" ziotenak, berak bere egunkarian kontatzen duenez:

> Izena kendu didate, "Yoyes" fikzio bat da, asmakizun bat, ez naiz identifikatzen jarrera politiko batetik edo bestetik asmatzen dituztenekin, eta are gutxiago aspaldian, Mexikon egon aurretik eta, batez

> ere, Mexikon negoen bitartean asmatu izan dituztenekin. "Yoyes salatari" dioen pintada bat ikusi dut nire herrian, eta "Yoyes traidore" dioen beste bat, uste dut gehiago egongo direla... Ataunen ere bai. Buruko mina dut. Pozik nago A.rekin eta J.rekin egoteagatik. ETAko militantea izan nintzen, dimisioa eman nuen nekatuta nengoelako eta ildo berriarekin ados ez nengoelako, sei urte baino gehiago dira harrezkero, alde egin nuen, politikaren mundutik urrun bizi izan nintzen, lanean, ikasten; iraganean berriro inplikatuko ez nindutela sentitu nuenean, Akaitz ume zoragarria izan nuen eta asko xurgatu ninduen. [...] Nire izena duen mamu bat dabil hor inguruan, aspaldidanik, ni ezagutu gabe nitaz hitz egiten hasi ziren etik, sortzen ari den mamu bat, eta azken sei urteetan bizirik jarraitu du, nahiz eta ni saiatu naizen mamu hori hiltzen edo hilko zela sinestu dudan, niri militantzia egozten eta istorioak asmatzen jarraitzen zuten egunkariek lagundu dute horretan [...] Asko dira bidegabekeria honen errudunak, gehiegi! Beste batzuk ez dira errudun, baina ezinduak dira haren aurrean. Isiltasun konplize handia ere badago. Beldur handia jendearengan denaren aurrean, beren askatasunaren aurrean... zenbat kaka! (Garmendia Lasa *et al.*, 2020: 211).

Une hartan, ETA politiko militarra desegin zenean (1982), Euzkadiko Ezkerraren (EE) eta Barne Ministerioaren arteko akordio baten ondorioz, gizarteratze politika bultzatu zen. Ezker abertzalea kezkatuta zegoen politika horrek ahulaldia ekar ziezaiokeelakoan, eta gobernu sozialistak Yoyesen itzuleraren berri zabaldu zuen gizarteratze politikaren arrakasta gisa, nahiz eta ez izan, haren itzulera 77ko Amnistian babestuta baitzegoen, auzirik eta zigorrik gabe.

> Ez dut indulturik eskatu behar, gaur egun ez dago nire aurkako kargurik, Hego Euskadira itzul naiteke 77ko amnistiagatik, ezer sinatu gabe, jendaurrean ezer adierazi gabe edo horrelakorik gabe. Kontuan hartuta nire itzulera modu duinean egin zitekeela [...] eta aprobetxamendu politikoaren kontua indar politiko bakoitzak eman ziezaiokeen interpretazioaren araberakoa zela, nire erbestealdiari amaiera ematea erabaki nuen (cfr. Unzueta, 2016: 177).

ETAk traizioaren irudia elikatu zuen Yoyesi bere buruari eta Euskal Herriari traizioa egitea leporatzen zion komunikatu bat argitaratuta (Sáez de la Fuente, 2002: 174). Eta ezker abertzaleak ere elikatu zuen irudi hori diskurtso dogmatikoak eginez, garai hartako buruzagi Tasio Erkiziarenak kasurako: "militantearen askatasunak muga handiak ditu, berak onartutakoak eta bere buruari ezarritakoak; izan ere, kolektibo baten zerbitzura dago, kolektibo horrek demokratikoki onartutako erabakien zerbitzura [...] Kolektibo hori publikoki uztea etsaiarekin kolaboratzea da [...]" (cfr. Sáez de la Fuente, 2002: 174).

Setio hori ikusita, Yoyesek sendo arbuiatzen zituen bere egunkarian heroi eta traidore hitzen azpian zegoen manikeismoa eta Estatuak zein ETAk berataz egiten zuten instrumentalizazioa eta deshumanizazioa. Era berean, gogor salatzen zuen erakunde armatuaren zurrunbilo militarista:

> [...] Jendeak mitoak sortzen ditu bedeinkatzeko edo kondenatzeko [...] Mitoan, mitoaren substratua den hezur-haragizko pertsona substratu besterik ez da, ez da gizakia [...] Nola babestuko dut HB jite faxistako militarismo bateko pailazoa bihurtu bada? Nola identifikatuko naiz ETAren atentatuak txalotu eta hildako gehiago eskatzen dituzten buruzagiekin? [...] Urte askoan ez naiz gizatalde antolatu bateko kide izan, eta ez naiz ETAren etsaien taldera pasatu, nahiz eta duela gutxi arte behin eta berriz etsaien taldearekin lotu izan nauten, batzuek beren "garaipen"tzat dutena nabarmentzeko asmoz, eta beste batzuek, antza, joera nagusiari jarraituta (Yoyesen Lagunak, 1996: 64, 67-67 eta 70).

Yoyesen hilketak iritzi publikoa hunkitu zuen, indarkeriaren aurkako herri mobilizazio hasiberria bultzatu zuen eta haren lagunen, erakunde armatuko kide ohi batzuen, ahotsa altxarazi zuen atentatuaren aurka. Zergatik hil gizarteratze politikari heldu ez zion emakume bat, ETA politiko militarreko 300 bat gizon gizarteratze politikara bildu baziren eta hil ez bazituzten? Hona erantzun posible bat: emakume izateagatik bere disidentziak ETAren dianan jarri zuen:

> [...] Testuinguru nazionalistan, non emakumeek baldintzarik gabeko babes eta bitartekaritza rolak jokatu behar dituzten, emakume disidente bat gizon disidente bat baino onartezinagoa da. Hortaz, Yoyesen "traizioa" beste batzuena baino hutsegite handiagoa zen; izan ere, ikuspegi erradikaletik, ez zegokiona izaten utzi zitzaion [...] (Aretxaga, 1988: 32).

"Ez zegokiona izate" horrek argi erakusten du Yoyesek ETAn sartzean eta erakunde armatuko buruzagitzara heltzean nola urratu zituen genero rolak, bere burua emakume gisa ukatuz. Logika erabat patriarkal eta bortitz horretan, ETA uzteko erabakia traizioaren sinonimotzat baino ezin zitekeen hartu, beste edozein gizonezko etakiderena baino traizio handiagotzat. Gainera, inguru erradikalarekin inolako loturarik ez zuen ama bihurtzeak bitartekari moduan, hau da, "ama abertzale" moduan funtzionatzeko edozein aukera bertan behera uztea zekarren berekin.

Carmen Gisasolak hausnartzen duenean nork eta nola eragin zion indarkeriaren erabileraren autokritika egiteko eta ETAtik eta presoen kolektiboaren diziplinatik aldentzeko erabakian, hiru emakume mota aipatzen ditu, haren kontakizunak hari ikusezin batekin josten dituenak: ETAren biktima bat, Frantziako espetxean zegoela ezagutu zituen bi emakume, bata IRAkoa eta bestea Italiako Brigada Gorrietakoa, eta Yoyes bera. Irene Villa biktiman Ana Rosa Gómez Moralek (2013) "biktima perfektua" deitzen duena aurkitu zuen; ekintzaile desengainatuetan, indarkeriari zilegitasuna kentzeko argudioak; eta María Doloresengan, adore erreferentea.

ARIKETA 6

- Zer argudio desnormalizatzaile eta deslegitimatzaile agertzen dira bi emakume horien gogoetetan?
- Zer aldaketa sumatzen ditu Yoyesek ezker abertzalearen eta ETAren proiektu politikoan? Nola lotzen ditu aldaketa horiek indarkeria erabiltzeari egiten dion kritikarekin?
- Zein ekarpen egin dio Carmen Gisasolari bidean aurkitu duen emakume bakoitzak?

1985/12/05

[...] Militarismoa hain sakon erori da euskal sektore batzuetan, ezen edozein gauza gerrako tresna bihurtzen baitute salatzeko, estigmatizatzeko edo bizitza indibidual eta kolektiboko elementurik sinpleenak (pertsonak, musika, hizkuntza, artea...) bereak balira bezala edo etsaienak balira bezala erreibindikatzeko.

Euskadin pertsona askoren buruan gizakiaren alderdi "unibertsala" galtzen ari da, "partikularra", "propioa", haien hitzetan "nazio nortasuna" goraipatze aldera, eta horrek suntsitu egin dezake duela urte batzuetara arte gizarte justuago, aurrerakoiago, irekiago eta sortzaileago baten alde egindako lan militantea, kide guztiei garapen pertsonalerako aukera handiagoak emango lizkiekeen gizarte bat sortzeko lana. Zer aterako da honetatik? Argi dago atzera egite bat dagoela jarrera erreakzionario, fanatiko eta intoleranteetara eta jarrera horiek gainerako ikuspegiak menderatzen dituztela, egoera polarizatuz, eta jende asko jokoz kanpo uzten dituztela.

"Diferentziarako eskubidetik" (euskal kulturaren garapena) "uniformetasun beharrera" igaro da, ustezko "nazio askapenerako mugimendu" baten alde. Lelo horri "gizartearen garapena" terminoa kendu zaio, eta hori ez da doakoa. Ados nago ez dagoela "sozialismoaz" hitz egiterik hirurogeiko eta hirurogeita hamarreko hamarkadetan egiten zen bezala, marxismoaren krisiak baduela bere izateko arrazoia, baina besterik da euskal gizartearen barrua aldatzeko asmo oro bertan behera uztea, nazio kontuan izan ezik.

ETAren zuzendaritzan sartu nintzenean, goitik behera erori zitzaidan mitoa [...] Handik gutxira, Frantzian atxilotu ninduten, eta Fleuryn espetxeratu. Han, IRAko emakume bat ezagutu nuen. Azaldu zidan Irlandan oso aurreratuta zeukatela borroka armatua atzean utzi eta politikagintza hutserako urratsa egiteko beharrari buruzko gogoeta [...] Haren esperientzia 17 urteko neska batena zen; polizia mutil-laguna hiltzen ikusi zuen, eta uste zuen borroka armatua kontu serioegia zela arinkeriaz hartzeko. Urte haietan, Brigada Gorrietako emakume bat ere ezagutu nuen espetxean, eta hari esker hobeto ulertu ahal izan nuen zein latza izan daitekeen erakunde militar baten funtzionamendua: lau pertsonak pentsatzen dute, hamabik burutzen dute hori eta gainerakoak ondo diziplinatutako morroi soilak dira [...] eskerrak ematen zituen Brigada Gorriek ez zutelako boterea erdietsi, bestela Mussolini baino okerragoak izango zirela eta. Espetxean ezagutu nituen bi emakume horiek begiak irekitzen lagundu zidaten, baita garai hartan tratatu nituen unibertsitateko irakasle batzuek ere. 68ko Maiatzetik zetozen eta ondo ezagutzen zuten ezker muturreko taldeen funtzionamendu itxia. Denek ere alde batera utziak zituzten beren alderdi politikoak, eta beren bizitza berregin zuten. Munduari buruz neukan ikuspegia zabaltzen lagundu zidan. [...]

Ezagutu nituen egoera guztietatik, zentzu horretan gehien hunkitu ninduena [...] Irene Villa larri zauritu zuen ekintza izan zen. Atentatu hura gertatu zenean, Madrilgo

Bertan behera uzte hori "nazionalismo" kontzeptua esanahi aurrerakoi, ireki eta unibertsal batez janzten zuten balio mordo bat hondatzen ari da, eta zer geratzen zaio?

Hori "mugimendu" horren aldeko indar harreman batean gertatuko balitz, barruan aldaketa bat espero liteke, baina gaur egungo egoeran ziur asko ez da horrela gertatuko. Sektore horren boterearen murrizketak badu lotura lehen aipatu dudan sumintzearekin, eta indarra galtzeak are gehiago sumintzen du eta norabidea galarazten dio; beraz, itxaropena desagertu egiten da euskal gizartearentzat "helburu goren eta garbienak" espero eta nahi dituztenen ondorioz.

Ni 1972-73an igo nintzen gurdira, eta 1979an jaitsi, argi aurreikusi nuelako mugimenduaren alderdi soziala, ikuspegi aurrerakoia desagertuko zela eta nazionalismo ilun eta mitikoan soilik oinarritutako militarismoa areagotuko zela.

Iturria: Garmendia Lasa *et al.* (2020: 214-215).

emakume bat [...] hurbildu zitzaidan eta nirekin hitz egin nahi zuela esan zidan [...] Haren komentarioek etika iraultzaileari buruz hausnartzera eraman ninduten lehen aldiz eta serio, ni nor nintzen eta zer eskubide nuen pertsona bati askatasuna kentzeko, herriaren askatasuna lortzeko aitzakiarekin. [...]

[Yoyesen] egunkariaren irakurketak argi handia egin zien nire itzalei. Uste dut erakundeko zuzendaritzan egon izanak aukera eman ziola haren zirrikituak eta funtzionamendua oso ondo ezagutzeko. Egunkariak nik baino hobeto azaltzen ditu haren motibazioak. [...]

Bada kontu deigarri bat. Yoyesek [bere egunkarian] aipatzen duen bileran Txominek (ETAko militantea) hobeto ulertzen du birgizarteratzea, besteek (ordezkari politikoek) baino, haiek ez dute onartzen eta. Zenbat aldiz errepikatu den gure historian zehar, zoritxarrez.

Iturria: Unzueta (2016: 148-151, 175 eta 177).

EMAKUME ETAKIDEEI BURUZKO DISKURTSOAK ETA IRUDIKAPENAK KOMUNIKABIDEETAN

Ikuspegi feminista berrienek modu kritikoan hartzen dituzte ETAko emakumezko ekintzaileei buruzko hiru irudi androzentriko, oraindik ere esparru publikoan eta komunikabideetan nagusi direnak eta azterlan akademiko batzuetan ere aipatzen direnak; izan ere, oso ikusgarri egiten dituzte ETAko emakumeak, baina egile gaitasuna kentzen diete (Hamilton, 2007a; Agra Romero, 2012; Rodríguez, 2017). Hona hiru irudiok: a) "ama, emaztea,

neska-laguna eta arreba", erakundeko kide izateko eta harentzat baliagarri izateko ustezko ama nahian, "gerlariaren atseden" izateko gogoan eta mendeku emozionalaren eta irrazionalaren alde jarduteko desioan hezurmamitua; b) "odoltsua eta zitala", benetako munstroa, indarkeria aukeratzean ugalketarekin lotutako feminitatea galbidera bota duena; eta c) "gorputzaren hipersexualizazioa", genero estereotipo negatibo gisa aurkezten dena puritanismo sexualaren aldean. Azken bi irudiek sinergian funtzionatzen dute, biak batera beti; hori dela eta, atal beraren barruan landuko ditugu.

Estereotipo horiek ez dira euskal gatazkarenak ezta terrorismoarenak ere soilik. Beste testuinguru geografiko batzuetan jarduten duten erakunde terroristetan parte hartzen duten emakumeei ere eragiten diete, baita eredu patriarkalen sendotasunaren ondorioz emakumeen presentzia oraindik behar bezala normalizatu eta legitimatu gabe dagoen eremuetan ere, politikoan kasurako (Nacos, 2005). Aurreiritzi horiek zalantzan jartzen dute emakumeen indarkeria, bateraezintzat jotzen baitute "emakume" izaerarekin eta izaera horri lotutako zaintzaile eta bizitza emaile rolarekin. Aldiz, ez dute zalantzan jartzen gizonaren eta indarkeriaren arteko lotura. Era berean, analisi feministek zalantzan jartzen dituzte estereotipo horiek, sexistak direlako eta emakumeen mendekotasuna iraunarazten laguntzen duen irudíteria erreproduzitzen dutelako, baina ez dute indarkeria bera gaitzesten. Ikuspegi etikotik, kontua ez da emakumeek eta gizonek berdin parte hartzea indarkeriazko erakundeetan, baizik eta indarkeriaren erabilera deslegitimatzea, batzuena zein besteena. Indarkeria erabiltzeak ezin du emakumeen askapena sustatu, maskulinotasun hegemonikoaren oinarri toxikoenetan oinarritzen den mundu ikuskeran oinarrituta dago eta.

EMAKUME-AMA, NESKA-LAGUNA, EMAZTEA EDO ARREBA

Lehen estereotipo honetan, emakume terroristak berarekin ahaidetasun harremana duten gizonekin lotuta agertzen dira ama, emazte, neska-lagun edo arreba rolean, eta militantzia erakunde

armatuko gizon batekiko lotura afektibo edo sexualak motibatu duela interpretatzen da (Rodríguez, 2013: 156); hain zuzen ere, hori islatzen du *couple terrorism* kontzeptuak (bikote terrorismoa) (Morgan, 2001). Bestalde, Agra Romerok (2012) adierazten duenez, emakumeen indarkeria amatasunarekin ere lotzen da maiz. Logika horretatik, bi motatako emakume terroristak bereizten dira: "*the nurturing mother*" (ama zaintzailea) eta "*the vengeful mother*" (ama mendekatzailea). Lehenengoak erakundearen euskarri gisa jarduten du, amaren autosakrifizioaren logikatik, erakundearentzat baliagarria izan nahian. Aldaera hori feminitatearen arau patriarkaletara egokitzen da: emakume terroristek, amen eta etxekoandreen eginkizunei dagokienez, laguntza lanak egiten dituzte. Bitartean, ama mendekatzaileak modu oldarkorrean jokatzen du ama moduan izan duen galeraren ondorioz, eta horrek lehenengoak baino arriskutsuago bihurtzen ditu.

Estereotipo horiek emakumeen egiteko gaitasuna ukatzen dute; izan ere, arrazoi pertsonaletara murrizten dute militantzia eta haien erabakien eta ekintza bortitzen osagai ideologiko-politikoa ikusezin bihurtzen dute (Hamilton, 2007: 137). Familia eta emozio loturak alde batera uzten dira gizonen kasuan, nahiz eta lotura horiek erabakigarriak izan daitezkeen gizonak erakunde terrorista batean sartzeko. Diskurtso hori batez ere ETAren jarduera armatuaren lehen urteetan, 60ko hamarkadan eta 70eko hamarkadaren hasieran errepikatu zen. Adibidez, komunikabideek etengabe azpimarratzen zuten María Soledad Iparragirrek (Anboto) bere bikotekidea José Ariztimuño (Pana) poliziarekin 1981ean izandako borroka batean hil ondoren erabaki zuela ETAn sartzea. Hala zioen Matias Antolin kazetariak *Mujeres de ETA: piel de serpiente* liburuan:

> Bere mutil-laguna, José Manuel Aristimuño, "Pana", 1981eko martxoaren 29an Estatuko Segurtasun Indarrekin izandako borroka batean hil zenetik, Soledad oso etakide erradikal eta arriskutsutzat hartzen dute, Poliziari eta Guardia Zibilari betiko gorrotoa izango ziela zin egin baitzuen (Antolín, 2002a: 46).

Anbotok bezala, beste etakide askok ere bikotekidea izan zuten erakunde armatuaren barruan. Hala ere, horrek ez du esan nahi harreman horiek ETAn sartu aurretik sortu zirenik, ezta haien motibazio nagusia zirenik ere. Nazioartean, badira beste adibide argigarri batzuk, hala nola "Alargun Beltzak" ezizenez ezagun diren Txetxeniako emakume terroristena: ezizenak ezkutuan uzten ditu askoren motibazio erabat politikoak (Nacos, 2005: 440).

EMAKUME MUNSTROA ETA HARRAPARI SEXUALA

70eko hamarkadaren amaieran eta 80ko hamarkadaren hasieran, emakumeek ETAn zuten parte hartzearen gorakadak iruditeria aldatu zuen (Hamilton, 2007b: 925). Emakume terroristen munstralizazioa eta patologizazioa gertatu ziren, eta ustea zabaldu zen, "amorru irrazionalaren" ondorioz (Freedman, 2020: 213), etakide emakumezkoak askoz ankerragoak eta bihozgabeagoak zirela gizonezkoak baino. Beren feminitateaz gabetu eta indarkeria erabiltzera bultzatzen zituen zerbait patologiko, gaizto eta izugarria zegoela uste zuten:

> Munstroaren narratibak emakumeen indarkeria feminitatea hausten duen akats biologikoa balitz bezala azaltzen du. "Gaiztoak" eta "eroak" direla esaten da; izan ere, izaera babeslea izanik, emakumeek ezin dute hil; hortaz, munstro anker gisa definitzen dituzte, eta narratiba horretan, "ez dira beren ekintzen erantzule, haien emakume izaeran akatsen bat dagoelako". Munstroak patologikoak dira, dela gaixorik daudelako, dela emakume izateari uko egiten diotelako (Agra Romero, 2012: 61).

ETAko emakumeak beren gizonezko kideak baino ankerragoak zirela uste zen, urratze bikoitza gertatzen zelako: teorian haientzat debekatuta zegoen espazio bat hartzea, espazio publikoa, eta genero estereotipo tradizionalen arabera ez zegokien jarduera bat egitea. Hala ere, urratze eta patologia horiek ez ziren halakotzat hartzen gizonezkoen kasuan, indarkeria erabiltzea berezkoa balute bezala. Analisi sexistek esan ohi zuten erakunde armatuaren

barruan beren balioa erakusteko beharraren ondorio zela emakume etakideen irudikapen izugarri hori:

> Emakume gehienak arrazoi afektiboengatik sartu ziren ETAn arrazoi ideologikoengatik baino gehiago. Behin komando batean, gizonak baino odoltsuagoak eta hotzagoak ziren, beren balioa frogatu nahi zutelako. Aurreiritzi askorekin hasten ziren taldean, eta beti sentitzen ziren gutxietsita. Zer egiten zuten ezkutuko sentimendu hori nola edo hala gainditzeko? Erantzun bat sortzen zuten, ia beti neurrigabea: ahal zutena baino itxura handiagoa ematea kanpotik. Horrek esan nahi zuen ahalik eta ankerkeria gehien egiteko prest egotea beren konpromisoa eta indarra erakusteko (Antolín, 2002b).

ETAko militanteen munstralizazioarekin batera, haien kosifikazioa eta hipersexualizazioa egiten zen, haien itxura fisiko "femenino"aren eta hiltzeko gaitasunaren arteko tentsioa dramatizatzeko, hitzeko gaitasuna tradizioz gizontasunari lotu izan baitzaio (Nacos, 2005: 438-439). Komunikabideek maiz aipatzen zituzten haien janzkera eta gorputz ezaugarriak. The *Times of London* edo *New York Times* nazioarteko egunkariek, adibidez, Idoia López Riaño etakideaz —prentsak "Tigresa" ezizenarekin aipatu ohi zuen— esaten zuten Mediterraneoko zinemako izar baten itxura zuela eta poliziaren argazkietan ondo ateratzen zen bakarretakoa zela. Irudi horiek bat datoz sexu desberdintasunaren ohiko binomio batekin: gizon desiratzailea *versus* emakume desiratua. Binomio horren azpiko logikak funtziona zezan, emakume terroristen honelako erretratua egiten zen: alde batetik, *femme fatale* ziren, hau da, beren sexualitateaz baliatzen ziren gizonak manipulatzeko (bai Estatuko Segurtasun Indar eta Kidegoetako kideak, bai ETAko militante potentzialak), eta, bestetik, izaki ahul eta bortitzak ziren, sexu-nahiak eta/edo gizonen onarpenaren beharrak menderatuak (Cruise, 2016: 38).

ARIKETA 7

IDOIA LÓPEZ RIAÑO, 'TIGRESA'- OHEA ETA PISTOLA

ETAko emakume honek —1964ko martxoaren 18an Donostian jaio eta Errenterian hazia— beldurra eta lilura sortu zizkidan beti. Menderaezina da, altzairu herdoilgaitzezko orkidea bat bezalakoa. Odol asko isuri zuen, baita tinta asko isuriarazi ere. María Irene Idoia López Riaño arkakuso bat bezala infiltratzen zen "txakurren" artean. Pantera bat bezala mugitzen zen gizonen artean, suge pozoitsu bat bezala ibiltzen zen polizien artean zigi-zaga isilean, armiarma begi urdin bat bezala korapilatzen zen. Emakume limurtzaile eta sentsuala zen, kabaret batean hankak gurutzatzea keinu egitea dela esango lukeen horietakoa. Txakurrak (Euskadin destinatutako guardia zibilak) limurtzea zen haren obsesioetako bat. Haiek limurtzea eta haiekin oheratzea zen beraren erronka nagusia. "Tigresa"z esaten da, txakurrak azpian zituenean, "kabroi horiei ahoan tiro bat ematea" zela haren irrika. [...]

Garai hartan, Idoia bere gorputzaren eta ilearen esklaboa zen batez ere. Komandoko gainerako kideak saiatzen ziren kalean deigarri izan ez zedin, baina bere begi ikusgarriak orrazkera erakargarri eta hanpatuekin eta janzkera probokatzailearekin nabarmentzen zituen, bere fisikoarekin bat. Baten batek konbentzitu zuen ukipen lente marroiak jartzeko, itxura apur bat aldatu eta oharkabean pasatzeko. Idoia kalera irteten zen bakoitzean, larruzko txupa, praka estuak eta atentzioa emateko beste hamaika modu jokoan, arrastaka eramaten zituen poliziak eta guardia zibilak; ez zioten jarraitzen atxilotzeko, besoetan estutzeko baizik. Erromantze batzuk izan zituen Estatuko Segurtasun Indarretako kideekin. Inoiz ez zuen bete ETAren barruko diziplina araurik txikiena ere [...]

Haren edertasun oparoak eta odol hotzak ETAko pertsonaiarik beldurgarrienetako bat bihurtu zuten "Tigresa". Pistola eta sedukzioa ziren haren armak. Egun batean, auto istripu bat izan zuen eta Intxaurrondoko kuarteleeko guardia zibil batekin ligatu zuen, ibilgailuen agiriak trukatzen ari zirela. Harremanak hainbat hilabete iraun zuen [...]

Iturria: Antolín (2002a: 19-21).

- Zer ezaugarri nabarmentzen ditu testuaren egileak Idoia López Riaño irudikatzeko eta haren ETAko militantzia zalantzan jartzeko? Atera adibide batzuk testutik.
- Zure ustez, erabiliko litzateke diskurtso, irudi eta hizkuntza mota hori gizonezko militante bat karakterizatzeko eta haren indarkeriaren aldeko hautua zalantzan jartzeko? Zergatik?

Emakume etakideen hiru irudi horiek komunikabideek zabaldu badituzte ere, esanguratsua da erakunde armatuak eta haren ingurune politikoak jarrera borrokalaririk ez hartzea irudi horien kontra, ustez borroka feministaren abangoardia zirenengandik espero zitekeen bezala.

ONDORIOAK

Euskadin, emakumeek hiru funtzio mota bete dituzte indarkeriari dagokionez: biktimagile edo biktimarioena, erakunde armatuaren zuzeneko eta zeharkako biktimena eta talde bakezaleetako ekintzaileena. Liburu honek hiru funtzioetatik lehenengoan bakarrik jartzen du arreta, hau da, emakume etakideek erakunde armatuan izandako parte hartzea ikertzen du, maskulinitatearen eta feminitatearen eraikuntza tradizionalek haien rolean eta rol horren interpretazio politiko eta mediatikoan nola eragin duten aztertuz.

Oro har, emakumeek erakunde terroristetan izan duten parte hartzea ikusezin bihurtzeko joera egon da gatazka armatuei buruzko azterlanetan. Azterlan askok estereotipo sexistak errepikatzen dituzte, emakumeen egile gaitasuna ukatzen dute eta, hartara, genero *status quo*a indartzen laguntzen dute. Era berean, literatura akademiko feministak lehentasuna eman dio aurreiritzi horien izaera androzentrikoa ikusarazteari, eta ez gizonen zein emakumeen indarkeria argi eta garbi deslegitimatzeari. Gabezia hori nabarmenagoa da azkenaldiko literatura feministaren argitan, logika militaristatik eta hura sustatzen duen hizkuntzatik aldentzen ahalegindu baita bere diskurtso politikoa eraikitzeko.

ETAk eta bere ingurune sozial eta politikoak, teorian, mugimendu feministaren aldarrikapenak babesten zituzten eta lehen euskal nazionalismoaren ideiak errotik hausten saiatzen ziren. Aitzitik, sexuen osagarritasunaren eskema tradizionalaren

elementu jakin batzuk hartu zituzten. Etxekoandreak arduratzen ziren familian zaintza emateaz eta balio abertzaleak transmititzeaz. Euskal nazionalismo erradikalean, emakumeek, "ama abertzale" gisa, helburu politikoko indarkeriaren erabilera normalizatzen eta suspertzen lagundu zuten; izan ere, "gudaria"ren eta "heroi-martiria"ren figurak —Euskal Herriaren askapenaren alde hiltzeko eta erailtzeko prest zegoen ETAko militantearengan pertsonifikatuak— erromantizatzen zituen kontzientzia nazionala irakatsi zieten seme-alabei. Euskal Nazio Askapenerako Mugimenduak, kultura alternatiboko beste mugimendu batzuekin egin zuen bezala, hala nola ekologismoarekin edo antimilitarismoarekin, aldarrikapen feministak instrumentalizatzeko eta mugimendu horren ahalmen mobilizatzailea beretzat baliatzeko joera izan zuen, bere hausturako alternatiba globalaren zerbitzura jarriz. Era berean, ETAk, emakumeen askapenerako borrokan abangoardia izan beharrean, izaera hierarkiko eta patriarkala izan zuen ezaugarri, eta emakume etakide askok diskriminazioari eta sexu jazarpenari aurre egin behar izan zieten. Yoyesen hilketak oso logika patriarkala utzi zuen agerian. Izan ere, erakunde armatuarekin haustea eta indarkeria erabat deslegitimatzen zuen diskurtsoa erabiltzea kide gizonezkoena baino traizio handiagotzat hartu zen, baita ezker abertzaleak emakumeei esleitzen zien "ama abertzale" rolari uko egite esplizitutzat ere.

Emakumeak ETAko militantziaren gutxiengoa izan ziren, eta erakunde armatuko lidergo postuetara iristeko aukera txikiagoa izan zuten. Emakumeen militantzia maila txikia sozializazio diferentzial baten ondorio izan zen; izan ere, sozializazio horretan emakumeak bizitza emaile dira eta indarkeriaren erabilera gizonei bakarrik esleitzen zaie, gizontasunaren adierazgarri nagusi gisa. Ondorioz, emakumeek talde terroristan sartzea erabaki zutenean, pentsatu zen laguntza lanak baino ez zituztela egiten, eta arrazoi pertsonalek motibatuta sartzen zirela ETAn (mendeku emozionalagatik eta/edo militante batenganako maitasunagatik), edo psikopatologiaren batek bultzatuta eta, ondorioz, beren kideak baino ekintzaile odoltsuagoak eta hilgarriagoak zirela. Diskurtso estereotipatu horiek emakume terroristen egile gaitasuna

ikusezin bihurtzen zuten; aldiz, gizonengan indarkeria erabiltzea naturalizatzera eta ETAn militatzea erabaki zuten gizonek zein emakumeek fanatismo ideologiko-politikoak eraginda erabaki zutela ezkutatzera jotzen zuten.

Ez dago indarkeriarako joera handiagoa duen izaera maskulinorik, gizonek indarkeriazko ekintzetan gehiago parte hartzea sozializazioaren emaitza den eraikuntza sozial eta kulturala da. Emakumeek armadetan edo erakunde armatuetan duten partaidetza areagotzeak ez dakar emakumeen genero egitura hertsatzaile, hierarkiko eta patriarkala aldatzerik. Epika askatzailez jantzi arren, indarkeriaren erabilera ez da metodo ahalduntzailea, etikoki bidegabea baizik, eta sufrimendu eta basakeriazko gurpil zoroak berrelikatzen ditu. Gainera, botere asimetriei eusten die, maskulinotasun hegemonikoaren ezaugarri okerrenak indartzen baititu, eta maskulinitate alternatiboak sortzea zaildu edo eragozten du. Kontrako muturrean, emakumeen eta bakearen arteko lotura esentzializatzeak estereotipo sexistak indartzen ditu, eta gizonen ("izaki gerlariak") eta emakumeen ("ama moralak") arteko identitate dualismoa finkatzen du. Hori oztopo da identitate maskulinoak eta femeninoak modu kontrahegemonikoan berreraikitzeko eta indarkeria desnormalizatzeko eta deslegitimatzeko.

BIBLIOGRAFIA

Agra Romero, María Xoxé (2012): "Con armas, como armas: la violencia de las mujeres", *Isegoría*, 46, pp. 49-74.

Alexiévich, Svetlana (2017): *La guerra no tiene rostro de mujeres*, Barcelona, Penguin Random House.

Antolín, Matías (2002a): *Mujeres de ETA: Piel de serpiente*, Madrid, Temas de Hoy.

— (2002b): "Cuatro mujeres sin piedad", *El Mundo*, 10 de febrero. Disponible en https://bitly.ws/3fXbR.

Aramburu, Fernando (2016): *Patria*, Barcelona, Tusquets.

— (2023): *Hijos de la fábula*, Barcelona, Tusquets.

Aresti, Nerea (2014): "De heroínas viriles a madres de la Patria. Las mujeres y el nacionalismo vasco (1893-1937), *Historia y Política*, 31, pp. 281-208.

Aretxaga, Begoña (1988): *Los funerales en el nacionalismo vasco radical: ensayo antropológico*, Donostia-San Sebastián, Baroja.

Arizabaleta, Zumaia (2019): "Verdades poliédricas: de víctimas a supervivientes a través de la desbinarización del discurso en el caso del conflicto vasco", trabajo fin de máster, Universidad de Granada. Disponible en https://bitly.ws/3fXez.

Badinter, Elisabeth (1993): *XY La identidad masculina*. Madrid, Alianza Editorial.

BBC (2014): "El grupo rebelde en el que el 40% de los combatientes son mujeres", *BBC News*. Disponible en https://bitly.ws/3fXeX.

Beriain, Josetxo y Fernández, Roger (1999): *La cuestión vasca. Claves de un conflicto cultural y político*, Barcelona, Proyecto A.

Bermúdez, Ángela; Sáez de la Fuente, Izaskun y Bilbao, Galo (2020): *Contribuciones de la educación histórica a la deslegitimación de la violencia de motivación política*, Bilbao, Universidad de Deusto.

Bloom, Gia; Gill, Paul y Horgan, John (2012): "Tiocfaidh ár Maná: Women in the Provisional Irish Republican Army", *Behavioral Sciences of Terrorism and Political Aggression*, 4(1), pp. 60-76.

Castellanos, Gabriela; Rodríguez, Alba Nubia y Bermúdez, Norma Lucía (2001): "Mujeres y conflicto armado: representaciones, prácticas sociales y propuestas para la negociación", en Castellanos, Gabriela y Accorsi, Simona (comps.), *Sujetos femeninos y masculinos*, Cali, La Manzana de la Discordia.

Connell, Robert W. (2003): "La organización social de la masculinidad", *Biblioteca Virtual de Ciencias Sociales* ["The Social Organization of Masculinity", *Masculinities*, Berkeley, University of California Press, 1995].

Cruise, Rebecca S. (2016): "Enough with the Stereotypes: Representations of Women in Terrorist Organizations", *Social Science Quarterly*, 97(1), pp. 33-43.

Del Valle, Teresa (1985): *Mujer Vasca, imagen y realidad*, Barcelona, Anthropos.

El Mundo (2017): "Ex presas de ETA que fueron madres en la cárcel piden la libertad de Sara Majarenas", *El Mundo*, 27 de enero. Disponible en https://bitly.ws/3fXgb.

Etxebarrieta, Oihana y Rodríguez, Zuriñe (2016): *Borroka armatua eta kartzela*, Zarautz, Lisipe.

Freedman, Jane (2020): "La violencia femenina en los conflictos armados y la (no)reacción de los organismos internacionales", *Etnografías Contemporáneas*, 6(10), pp. 210-223.

Forján, Cristóbal (2021): "El proceso de captación en la organización terrorista ETA", *Revista Logos Ciencia & Tecnología*, 13(2), pp. 134-147.

Gago, Egoitz y Ríos, Jerónimo (2021): *La lucha hablada: conversaciones con ETA*, Madrid, Altamarea.

Garmendia Lasa, Elixabete; González Katarain, Glori; González Katarain, Ana; Garmendia Lasa, Juli y Dorronsoro, Juanjo (2020): *Yoyes. Desde su ventana*, Zarautz, Alberdania.

Garrido, Anabel (2021): "Análisis de género en los conflictos armados. Una mirada sociológica", *Estudios Políticos*, 62, pp. 80-104.

Gil de San Vicente, Iñaki (2005): "Evolución y enmarque de la liberación sexual en la lucha de liberación vasca", *Rebelión*. Disponible en https://bitly.ws/3fXhc.

Gisasola, Carmen (2012): *Gaur Zortzi*, Zarautz, Alberdania.

Gómez Moral, Ana Rosa (2013): *Un gesto que hizo sonar el silencio*, Coordinadora Gesto por la Paz Euskal Herria.

González-Allende, Iker (2023): "El mito del gudari: La masculinidad del soldado vasco en Euzkadi en llamas, de Ramón Balaustegigoitia", en Gil, Carmen y Zabala, José Ramón, *Los mitos del exilio 1936-1939*, Donostia-San Sebastián, Hamaika Bide Elkartea.

Hamilton, Carrie (1998): "Género y nacionalismo: una nueva área de estudio", *Inguruak*, 22, pp. 163-174.

— (2000): "Re-membering the Basque nationalist family: Daughters, fathers and the reproduction of the radical nationalist community", *Journal of Spanish Cultural Studies*, 1(2), pp. 153-171.

— (2007a): "The gender politics of political violence: women armed activists in ETA", *Feminist review*, 86, pp. 132-148.

— (2007b): "Political Violence and Body Language in Life Stories of Women ETA Activists", *Journal of Women in Culture and Society*, 32(4), pp. 911-932.

Hernández, Jone M.; Esteban, Mari Luz y Bullen, Margaret (2018): "El feminismo como estímulo y sustento de la antropología vasca: 30 años de una fructífera relación", en Esteban, Mai Luz y Hernández, Jone M., *Etnografías feministas: una mirada al siglo XXI desde la antropología vasca*, Barcelona, Bellaterra, pp. 13-37.

Lorenzo, Claudia Rebeca (2014): "Relatos y contra-relatos en torno al mito de Mari", *AusArt*, 2(1), pp. 295-313.

Lozano, Alberto (2016): "Mujeres de ETA: lectura de sus representaciones en el discurso", *Cuestiones de género: de la igualdad y la diferencia*, 11, pp. 37-55.

Martínez, Fernando (2018): "La muerte por la Patria en el nacionalismo vasco: una indagación desde el sujeto", *Historia contemporánea*, 56, pp. 187-220.

Malvern, Sue (2013): "Femininity, feminism and the terrorist", en Malvern, S. y Koureas, G. (eds.), *Terrorist Transgressions. Gendered representations of the terrorist in visual culture*, Londres, I B Tauris, y Nueva York, pp. 39-55.

Morgan, Robin (2001): *The Demon Lover: The Roots of Terrorim*, Londres, Piatkus.

Nacos, Brigitte L. (2005): "The Portrayal of Female Terrorists in the Media: Similar Framing Patterns in the New Coverage of Women in Politics and Terrorism, *Studies in Conflict & Terrorism*, 28(5), pp. 435-451.

Pando, María Jesús y Rodríguez, María Pilar (2020): "Las mujeres de ETA: Activismo y Transgresión", *Arbor*, 196(796), pp. 1-10.

Reinares, Fernando (2004): "Who Are the Terrorists? Analyzing Changes in Sociological Profile among Members of ETA", *Studies in Conflict and Terrorism*, 27(6), pp. 465-488.

Rodríguez, Zuriñe (2013): "Las mujeres de ETA en la prensa escrita", *Mediatika*, 14, pp. 151-167.

— (2017): "Motivaciones, ingreso y experiencias participativas de las mujeres en ETA", *Política y Sociedad*, 54(2), pp. 421-441.

RUBIO, José Antonio (2003): "La imagen de la mujer en el movimiento nacionalista vasco", *La realidad desnuda: Las mujeres y la fotografía*, segunda sesión, 28 de marzo, Universidad Complutense de Madrid.

SÁEZ DE LA FUENTE ALDAMA, Izaskun (2002): *El movimiento de liberación vasco, una religión de sustitución*, Bilbao, Instituto Diocesano de Teología y Pastoral.

SEGATO, Rita (2016): *La guerra contra las mujeres*, Madrid, Traficantes de Sueños.

UNODC (2019): "Estudio Mundial sobre el Homicidio", Viena, Oficina de las Naciones Unidas contra la Droga y el Delito.

UNZUETA, Umberto (2016): *Nanclares. Vis a Vis. Cara a Cara con la disidencia de ETA*, San Sebastián, Erein Argitaletxea.

YOYESEN LAGUNAK (eds.) (1996): *Yoyes, 1986-1996*, San Sebastián.